2018年江西省社会科学规划项目“独立学院治理及机制创新研究”
（项目编号：18JY41）研究成果

独立学院治理及机制创新研究

陈志丹 著

科学技术文献出版社
SCIENTIFIC AND TECHNICAL DOCUMENTATION PRESS
·北京·

图书在版编目（CIP）数据

独立学院治理及机制创新研究 / 陈志丹著. —北京：科学技术文献出版社，2020.10

ISBN 978-7-5189-7197-8

Ⅰ.①独… Ⅱ.①陈… Ⅲ.①高等学校—学校管理—研究—中国 Ⅳ.①G647

中国版本图书馆 CIP 数据核字（2020）第 193825 号

独立学院治理及机制创新研究

策划编辑：周国臻　　责任编辑：崔灵菲　胡远航　责任校对：王瑞瑞　责任出版：张志平

出 版 者　科学技术文献出版社
地　　址　北京市复兴路15号　邮编 100038
编 务 部　(010) 58882938，58882087（传真）
发 行 部　(010) 58882868，58882870（传真）
邮 购 部　(010) 58882873
官方网址　www.stdp.com.cn
发 行 者　科学技术文献出版社发行　全国各地新华书店经销
印 刷 者　北京虎彩文化传播有限公司
版　　次　2020 年 10 月第 1 版　2020 年 10 月第 1 次印刷
开　　本　710×1000　1/16
字　　数　135千
印　　张　8.5
书　　号　ISBN 978-7-5189-7197-8
定　　价　36.00元

前　言

“治大学也如烹小鲜”，独立学院作为我国高等教育发展的一种重要办学形态，如何实现更好的发展是个系统问题，涉及政策支持、参与主体、治理结构、人才队伍、人才培养、经费投入、大学文化等方面。本书认为新常态下独立学院的可持续发展，要构建现代大学制度，聚焦治理机制创新，在国家关于引导部分地方普通本科高校向应用型转变的指导意见下创新人才培养机制，实现转型发展。

本书分为上、下两篇。上篇主要是依托相关法人治理理论，借鉴境外私立高校法人治理的经验，分别在对我国普通高校与民办高校法人治理状况梳理的基础上探讨了独立学院治理的特点、原则及优化机制等问题。下篇则重点探讨了独立学院人才培养机制创新问题，通过对我国高等教育理念的追溯，再对人才培养模式进行了梳理，然后探讨了独立学院应用型人才培养的特征与策略，最后对独立学院人才培养机制的创新进行了研究。

本书系2018年江西省社会科学规划项目“独立学院治理及机制创新研究”（项目编号：18JY41）的研究成果。在研究过程中，课题实际参与人郑艺对国外私立大学治理进行了梳理，课题实际参与人雷鹰对我国民办高校治理存在的问题进行了概括，在此表示由衷的感谢和敬意！同时，本书在撰写过程中，吸收了国内外大量的研究成果，参考引用了许多专家的相关著述，在此表示衷心的感谢！限于笔者学力才干不足、理论抽象匮乏，所做的研究不尽如人意、思考不周之处必然甚多，若本书能起到抛砖引玉的效果，笔者就不胜欣慰之至了。

目 录

上篇 独立学院治理结构研究

上　篇

独立学院治理结构研究

1　相关研究的学术梳理及研究价值

1.1　国内外研究现状

从国外的研究现状来看，独立学院是我国国情的特殊产物，国外尚未发现独立学院这种办学方式，发达国家在实现高等教育大众化或普及化的进程中，采取了适合本国国情的方式，主要通过“第二种高等教育”来实现。例如，美国的社区学院、英国的科技学院、法国的短期技术学院、日本的短期大学和专门学院等。此外，西方的私立高等教育也是一种重要的办学形式。关于大学法人治理方面的国外文献较为丰富，各国学者对该问题的研究往往立足于本国国情，虽然其观点和建议并不一定能直接应用于具有鲜明中国特色的独立学院，但他们的研究方法及具有普适性的结论对于我国独立学院法人治理结构的研究也不无裨益。对大学治理结构的研究，国外文献大体可以分为 3 类：第一类是理论研究；第二类是实践研究；第三类则是介绍本国大学治理及相应改革的状况。国外相关研究在后文详述，本章不展开论述，本章主要对国内相关研究进行梳理。

通过“中国期刊全文数据库”以“独立学院”为关键词在核心期刊中检索到 1388 篇论文，可见独立学院作为一种按新机制、新模式的高校办学形式，从诞生之初就受到了高教教育理论者的关注。再以“独立学院”和“治理”为关键词进行检索，相关文献相对有限，其中发表在核心期刊上的仅有 24 篇；通过归纳、梳理，针对该主题学者们从不同研究视角进行了分析，主要可分为以下 6 类。

第一，关键因素视角。该视角主要是站在独立学院内部法人治理结构角度，涉及独立学院法人地位、独立学院产权、独立学院董事会（或理事会，下同）制度、独立学院的运行机制（包括决策、执行、监督机制）等，从这几个关键因素来揭示独立学院法人治理结构的问题。

第二，利益相关者视角。独立学院是一种典型的利益相关者组织。就独立学院而言，利益相关者主要包括：政府、举办高校、合作者、学生、教职工等。该视角主要是通过分析各利益相关者在独立学院治理结构中存在的问题来揭示独立学院法人治理结构的现状。

第三，内、外部视角。该视角是通过对独立学院外部公共治理结构和内部治理结构两大方面分析目前独立学院法人治理结构的现状。外部公共治理结构主要包括独立学院与政府、社会、申办者、投资者之间的关系；内部治理结构包括产权、董事会制度及内部运行机制（包括决策、执行、监督机制）等。

第四，三层面视角。顾名思义，该视角是从微观层面、中观层面、宏观层面3个不同的层面进行阐述。微观层面是相对而言的，微观层面界定为办学者（独立学院）、申请者（母体高校）及合作者（社会投资者）3个微观主体，从三者之间的关系着手分析独立学院微观层面存在的主要问题。中观层面主要是从独立学院发展过程中各种社会中介组织（资产评估中介组织、教育评估中介组织）角度来谈。宏观层面则是相对于微观而言，从大的、整体方面去研究。

第五，产权视角。独立学院的产权是多元的，这是由其投资类型决定的。该视角仅从产权角度分析了独立学院法人治理结构中的产权现状。

第六，法人治理模式视角。独立学院主要包括“公办高校 + 企业”“公办高校 + 校办企业”“公办高校 + 政府”3种模式。从各种不同模式角度分析独立学院法人治理结构的现状。

1.2 现有研究述评

总体来看，独立学院作为我国高等教育制度变革中的一项巨大突破，是一个新生事物，对其治理结构及机制创新的研究仍处于初步探索阶段，现有研究对独立学院治理问题研究还不够透彻、系统，其可行性、操作性也并不是很强。现有的独立学院法人治理结构研究的文献数量相对于公办高校及普通民办高校的研究来说比较少，其不足之处主要表现在以下方面。

第一，忽视独立学院自身特色。现有的研究大多倾向于把独立学院的法人治理向民办高校的法人治理靠拢，得出的结论与民办高校法人治理结构类似，没有突出自己的特色。独立学院虽属于民办高校，但其有自己特殊的一面，更何况在现阶段的转型期内，更应该将独立学院作为独立的一个群体来研究其法人治理结构。

第二，学理性研究较多，现实研究较少。独立学院是一种新型的模式，是特殊的民办高校，对于其法人治理结构的研究不应该仅停留在理论的层面上。但现有的相关研究大多以理论研究为主，思辨说理的成分较高，即使是借鉴西方大学的治理经验，也不是实际的调查而是文献资料的收集整理。没有实际调查、案例研究的支撑，便造成了理论与实际的脱离，得出的结论很难作为现实的参考，对指导独立学院建立合理的法人治理结构是缺乏指导力的。

第三，对问题的根源挖掘不深。从现有文献看，对独立学院法人治理结构的研究大多停留在浅表问题上，对问题的根源挖掘不深。大多数研究只是提出了问题的现状，但对于形成现状的原因却较少分析。此外，大多数研究所依托的学科知识只是停留在教育学与管理学理论上。事实上，独立学院法人治理结构问题，是一个跨学科的问题，要对此做深入的分析，必须广泛借鉴和综合多学科的知识，特别是经济学、法学等。

1.3 研究的意义与价值

1.3.1 构建独立学院法人治理结构的意义

由于治理结构的概念之前主要用于企业，高校法人治理结构还处在探索阶段。根据高校法人的定义和我国设置高校组织存在的目的来看，高校属于非营利法人。高校法人尽管可以纳入到非营利法人治理范畴之中，但是高校法人治理又有其自身的特征。首先，高校法人治理结构从本质上讲，是一种高校内部的制度安排，即基于所有权和管理权分离而必须建立的关于高校内部不同治理主体之间权力分配和制衡关系的制度安排。其次，是一种契约关系，即以法律为依据，以简约的方式规范高校内部各利益主体之间的关系。最后，是一种有效的运行机制，即“通过一定的激励和约束手段调动各种因素，协调各种关系，以实现高校办学目标的组织和运转机制”。从目前我国高校的类型来看，主要包括公办高校、民办高校和独立学院。不同类型的高校，由于其举办主体不同，在法人治理结构方面应该也有所不同，以体现高校利益相关人的目标追求和利益均衡。当然，不管是公办高校还是民办高校，抑或是独立学院，其治理结构必然要体现出高校法人治理结构的内在规律和自身发展的管理机制，需要对在其发展过程中的各个利益相关者的权利进行配置，并规范其权力运行机制。

由实施本科以上学历教育的普通高校与国家机构以外的社会组织或者个人合作，利用非国家财政性经费举办的实施本科学历教育的高校——独立学院，作为按照市场机制进行管理和运作的民办高校，与企业组织有着极大的相似性，但也存在很大的差异性。独立学院的产权问题、委托代理问题、经营理念、运营方式和市场中的企业非常相似。然而，由于教育的公益属性，独立学院不能以投资人财富最大化或者学校物质价值最大化为目标，其运营除了一定程度上遵循市场规律、价值规律外，还需要遵循教育规律，很大程度上要满足社会公平的要求，与政府的关系也更密切。因此，法人治理结构是独立学院法人治理的核心问题，健全而又完善的法人治理结构是实现独立学院法人治理的关键和前提。独立学院法人治理结构，是指独立学院作为独立的法人实体，在举办者所有权与学院管理权相分离的状态下建立起来的有关独立学院运营和职权划分的一种机制或组织结构，以及通过这套组织结构形成的责权利划分、制衡关系和配套机制的有机整体。建立健全法人治理结构对于促进独立学院健康发展具有积极而重要的意义。

综上所述，治理理论实际上是基于公共事务管理机制的一种创新。法人治理结构是解决组织内部各治理主体契约关系安排的一种具体组织结构形式和控制机制。治理及法人治理结构理论成果，对当前我国高等教育管理体制机制改革具有很大的启示意义，为创新独立学院管理机制提供了全新的视角。

1.3.2 独立学院治理研究的价值

当前我国高等教育学界对于独立学院的法人治理结构的研究还不够深入，大多只是表面的浅层次的研究，深层次的分析及案例研究涉及很少。因此，本书围绕独立学院这个特殊性质的民办高校，研究其特性、内涵及其法人治理结构的基本框架，剖析独立学院法人治理结构的现状、现实问题及其导致的原因，并提出构建独立学院法人治理结构的基本准则及完善独立学院治理及机制创新的关键问题，这些内容无疑有利于丰富和发展当前关于独立学院法人治理结构的理论研究。

为独立学院法人治理结构的构建提供理论指导和法理依据、建立独立学院法人治理结构，是当前和今后一个时期内我国独立学院所面临的一个共同任务。当下，这项工作之所以进展缓慢，一个重要的原因就在于缺乏必要的理论指导和相关的法理依据。显然，通过相关理论的系统梳理和法律法规的全面解读，通过对调查数据及案例的具体分析，能够澄清一些关键性原则，为独立学院的法人治理结构的构建找到理论指导和法理依据。完善的法人治理结构是现代大学制度的重要特征之一，对我国现代大学制度的建设具有重要的启示意义。对独立学院法人治理及机制创新问题进行系统研究，就独立学院法人治理所涉及的产权制度、决策制度、执行制度、监督制度等方方面面的问题进行深入解析，加以积极探索，并提出完善过程中的关键问题，对于独立学院管理机制创新和实现可持续发展具有十分重要的作用。

2 国外私立大学治理研究

2.1 治理理论与法人治理结构

从20世纪90年代开始，西方的政治学家和管理学家在社会资源的配置中既看到了市场的失效，又看到了政府的失效，同时由于全球政治经济一体化产生了大量的、超出民族国家治理能力范围的公共问题。于是，这些学者专家提出了治理的概念，主张用治理代替统治。治理和统治的本质区别在于：首先，两者的主体不尽相同。统治的权威中心一定是政府机关，而治理的权威中心包括政府机关但又不限于政府机关，治理的主体是多元化和多样性的，其可以是公共机构，也可以是私人机构，还可以是公司合办的机构。其次，管理过程中权力运行的向度不同。政府统治的权力运行依循自上而下的方向，其运用政府的政治权威，通过发号施令、制定政策和行政手段，对社会公共事务进行单一向度的管理。而治理则是一个自上而下、自下而上的互动管理过程，其主要是通过谈判协商、对话合作、沟通交流、相互认同和确立目标等方式对公共事务实施管理。再次，管理的范围不同。政府统治所涉及的范围就是以领土为界的民族国家。治理的范畴既可以是特定领土界限内的民族国家，也可以是超越国家领土界限的国际领域。最后，权威的基础和性质不同。统治的权威主要源自于政府的法规命令，治理的权威则主要源于公民的认同和共识。目前，有关治理的概念有多种定义，不同的机构与学者从各自的角度给出了不同的解释。其中，全球治理委员会的定义具有代表性和权威性，其认为“治理是各种公共的或私人的个人和机构管理其共同事务的诸多方式的总和。其是使相互冲突或不同的利益得以调和并且采取联合行动的持续的过程”。治理的最终目的是增进公共利益。

治理理论自产生以来，不仅备受理论界的推崇，而且被广泛应用到各个领域，如地方治理、公司治理、国家治理、全球治理等。公司治理或企业治理又称为法人治理，实质上是指一套制度安排或合约安排。这种制度和合约安排用以协调组织内外众多利益相关者的相互关系，其目的是为了在满足一定的约束条件下（个人理性约束与激励相容约束）实现组织的价值最大化，其核心问题是剩余权利（包括剩余索取权和剩余控制权）的分配。作为拥有法人身份的企业，需要具有保证自我健康机体的结构，通常组织规模越大，组成人员越多，相关利益主体趋于多元化，组织越受分立制衡理论的影响。企业治理结构或者说法人治理结构就是组织内部相互分权与制衡的关系。概括起来，法人治理结构的本质内涵主要包括：①治理结构是一种制度安排。治理结构是为适应组织产权制度的基本所有权和控制权分离而做出的一种制度设计，是用于支配若干在特点组织中有重大利害关系的团体投资者（股东和贷款人）、管理者、职工之间的关系，并从这种联盟中实现经济利益。②治理结构是一种权力制衡机制。由于存在代理问题和信息不对称，没有制约的权力必然产生腐败。治理结构一方面赋予各利益主体相应权力，各利益主体在一定范围内可以独立行使权力；另一方面，又规定各种权力相互制约、相互监督，谁也不能滥用权力。③治理结构是一种决策机制。是对组织中没有初始合约明确规定的问题进行决策的一种决策机制，更准确地说，治理结构分配资本的剩余控制权，即资产使用权。如果在初始合同中没有详细的设定，治理结构将决定其如何使用。显然，治理和治理结构的概念是不同的。从严格意义上说，治理是指通过一系列方式与策略动员资源以实现组织的使命，治理更强调动态制衡的过程；而治理结构偏向于从静态的角度规范组织内部的权力配置机制，强调组织内部分权与制衡的关系。

相对于我国民办高校短短30多年的发展历史来说，国外高校已经具有数百年的历史了。从最早法国的巴黎大学、意大利波隆那大学，到后来美国的哈佛大学、斯坦福大学等，这些学校之所以有今天的成功，一方面与其汇集了一大批精英有关；另一方面是这些学校在发展过程中不断完善治理结构，通过良好的治理结构来组织、管理大学中的各种投入要素，使得各要素之间的配合、协调达到最优，从而形成了一种“乐育乐学”“群贤汇集”的环境。因此，对于我国民办高校治理结构的构建和完善，有必要借鉴国际上高校治理的经验，摸索出一条适合我国国情的民办高校治理结构构建之路。

2.2 私立大学治理的国际比较

本节将对国际上一些主要国家的大学治理经验加以比较、借鉴，其中主要以私立大学为主。首先，分别介绍英国、美国、法国、德国、日本等国的大学治理经验。之所以选择这5个国家，是因为英国和美国都是英美法系的国家，其大学治理具有比较一致的法律基础。而法国和德国都是大陆法系国家，并且法国和德国的大学与政府的关系更加密切，这一点与我国的情况比较类似。而日本作为亚洲国家的一个代表，属于东方文化圈中的一员，其大学治理在治理文化方面更接近我国。其次，对国际上大学治理的趋势和前景加以展望，提出可供我国民办高校治理可供借鉴的地方。

2.2.1 英国大学的治理

尽管高等教育并非起源于英国，但是英国大学独特的治理结构，如牛津大学和剑桥大学的导师制和寄宿制，都对后来各国的高等教育发展起到了深远的影响。英国大学的管理体制能使大学的教学和科研人员充分发挥才能，自由地探索并发表见解。这种管理体制的形成充分反映了其历史起源、多样化的背景和法律制度。英国所有大学都是独立的法人实体，一般注册为慈善团体，但是不受慈善委员会管辖。学校的大部分经费来源于政府拨款，因此虽然英国大学享有充分的自治和自主权，但是仍然要对政府拨款和私人投入资金负责，承担“公益信托”责任，保证这些资金的使用效率。

2.2.1.1 外部治理机制

对英国大学进行外部治理的教育法律法规形式多样，其所形成的法律体系是一个复合型结构。其中，成文法形式的教育法规最多，判例法次之，大学法很少。大学法是根据《学院特许法》取得皇家特许而由作为独立法人的“自治大学”自行制定、冠以本大学名称的大学法，其制定不需要经过议会审议通过，只在本校范围内有效。

英国过去的教育行政权力多归属于私人或地方，中央极少干预。但是自从英国成立教育和技能部以后，开始对地方教育行政具有监督指挥权。至于对英国大学的管理，一直由中央管理，也即被皇家特许享有“自治大学”的法律地位，可以自立为大学，自主办学。但是1988年以来，英国政府为了提高本国高等教育竞争力，将许多多科性技术学院升格为大学，这样英国大学的数量就从原来的40多所增加到现在的115所。因此，目前英国的大学可以分为两类，由多科性技术学院升格的大学叫作新型大学，即1992年以后的大学。而1992年高等教育改革以前的大学叫作传统大学。这其中，牛津大学、剑桥大学、伦敦大学和威尔士大学是“联邦制”结构（英国唯一的一所私立大学——白金汉大学除外）。这就是所谓的“双重体制”。在1988年《教育改革法》实施后，原来那部分归地方教育当局管理的学校也取得了独立法人地位，法律地位与“自治大学”相同，不再受地方当局管理。

依据大学的“资历”不同，相应的外部治理结构也存在一定的差异。传统大学绝大多数是经枢密院批准，根据皇家宪章建立。牛津和剑桥至今还有女王的特许状，得到议会法案的确认，还有一些则是在公司的保证下建立的。这类大学的治理体制受到宪章或章程、议会法案或备忘录，以及公司章程的限制。作为中央一级的教育行政机构，教育与技能部负责管理整个联合王国的大学和民用科学，但是不设置或者直接管理学校，也不聘用教师，因为大学是一种自治团体。除教育与技能部以外，中央一级还设有中央教育咨询委员会、皇家督学团、全国课程委员会和考试与评定委员会、大学基金会等组织，为教育与技能部提供咨询服务。

2.2.1.2 内部治理机制

一般而言，英国大学的内部治理实行董事会领导下的校长负责制。董事会由与学校有关联的各方代表组成，是学校的最高决策机构，也是学校的法人代表。

校长是董事会的当然成员，是学校内部治理的具体执行者和首席行政长官。校长向董事会负责，执行董事会的决议，处理学校日常行政事务。行政上的一长制与决策的民主制构成了英国大学内部治理的主要特色。根据英国1988年颁布的《教育改革法》，董事会的成员组成如下：5名学生家长董事，至少1名但不超过2名教师董事，现任校长是当然董事，数名社区人员董事。同时还规定，社区人员董事的人数必须超过其他董事，而且社区人员董事中至少有2名是在该校注册的学生家长。学生家长董事由推选产生，社区人员董事或任命或推选。董事的任期为4年，校长除外。规模较大的学校董事会一般设正、副董事会主席各一人，规模较小的只设主席，校长不能担任主席。主席由全体董事选举产生，任期1年，主要职责是主持董事会，充任校长和董事会之间经常联系的沟通人，协调二者的关系。

董事会必须接受来自家长的质询，并要求面向家长进行相应解答。董事会每年准备一份有关其参与学校管理的工作报告并发给每位家长，家长有权质疑、批评或表示支持。董事会负责年度经费预算和支出。在这些职能中，对于一些重要的事务如年度预算等，董事会全体成员必须参加讨论、共同决策。对于一些不太重要的事务，可以将职权下放给校长，或者成立由教师和非教学人员组成的专门委员会进行决策。在董事会之上，还设有一个荣誉性质的名誉校长一职，一般由社会名流担任，如女王、亲王等，他（她）负责主持教职员工全体会议和授予学位，对外代表学校的形象，更多的起到一种象征意义，不具有实际权力。

校务委员会或者董事会任命学校校长。在传统大学，校长负责执行校务委员会的决定，负责与大学教职员工、学术部门、学校评议会讨论或者协商有关学校发展规划，并将意见报告给校务委员会履行财务官的职责，监督领导成员执行高等教育拨款委员会的财政规定。在新型大学，校长执行董事会的决议，并向董事会报告涉及大学职能和作用的意见和建议，负责大学的组织机构和管理，负责行政管理人员的任免、升降、奖惩及停职，与学术委员会协商，对有关学术问题做出决定，将年度财政收支情况呈报董事会审批，并对经董事会同意的财政预算和其他来源的收入进行管理，负责学生纪律。

但是上面所说的只是英国大学内部治理的一般情况，由于英国各个大学建立的时间、法律地位、类型差异很大，因此具体的治理方式也不同，大致可以分为三种类型：牛津剑桥模式、伦敦模式、地区大学模式。

牛津大学和剑桥大学的内部治理分别受到《牛津大学法》和《剑桥大学法》制约。这两个法案分别于1854年和1856年颁布，并且在1871年颁布了《考试法》对其加以修正，由此确立了两校基本的治理框架。牛津大学的最高权力机构是全校教职员大会，每5年开一次会，选举名誉校长等荣誉职位，世界各地牛津毕业的硕士均可参加。校长则是由教师大会每4年一次的选举产生，校长每年向大会报告工作。负责处理学校重大事务的机构是校务委员会，由25名成员组成，其中7名常任委员包括校长、教务长、舍监等，其余18人由教师大会选出。校务委员会提出的议案如果遭到这18人中的6人反对，该议案就要交教师大会投票表决。因此，教师大会是一个有实权的组织，被看作牛津民主治校的标志。总体说来，全体教职员大会类似于公司中的股东大会，是最高权力机构，而校务委员会类似于股东大会的代理机构和常设机构——董事会。从上面所说的内容来看，在牛津大学内部治理结构中，教师在学校的治理中具有相当重要的地位，他们组成了最高权力机构，并且在常设的机构中具有影响表决程序的作用。在校务委员会下面还设有总务委员会，负责管理教学和科研工作。总务委员会有 21 名成员，其中 16 人由各个学院选出，其余 4 人为常任代表，1 名为校务委员会代表。这种人事安排充分体现了学校内部治理中各个院系的平等地位，避免了我们国家许多高校内部因为院系在校级领导层中的出任人数不同而引起的院系之间的不平等。剑桥大学的内部治理模式与牛津大学基本一致，只是大学校长每 2 年选举一次。

伦敦模式的代表是伦敦大学，主要特点在于教学与考试分头管理及英国特有的“大学学院”这一联邦管理体系。1836—1900 年的伦敦大学并无自己的学生，其只负责伦敦地区各个学院的考试。1900 年以后伦敦大学开始招收自己的学生，成为名副其实的大学，大学也与各个学院之间形成了“联邦制”的关系。根据 1989 年颁布的《伦敦大学法》，大学的最高领导机构由 3 个方面组成：一是校务委员会，主管财务和资源；二是教务委员会，主管一切专业事务；三是两者之间的一个联合计划委员会，负责制定大学近期和远景规划。名誉校长则由皇室的安妮公主担任。主持专业、行政领导工作的校长是大学的最高领导，管理行政的主任和全体教职员工大会的主席则构成了学校最高领导层的另两个成员。毕业生代表可以参加全校教职员工大会，参与对学校重大事务的决策。校务委员会由 17 人组成，其中 3 人常任，6 人由教务委员会指派，4 人由女王与大学协商后指派，3 人由伦敦市政厅指派，1 人另外选举。这种人员安排类似于其他学校的董事会，充分体现了学校各个利益相关者的影响。教务委员会有 36 名成员，其中 18 人是教师代表，从院系选出，另外 18 人由全校教职员工大会推选的教师和毕业生代表担任。而全体教职员工大会作为最高一级的权力机构，除了包括全校教职员工以外，还包括 21 岁以上的伦敦大学毕业生，其负责选举名誉校长，并对校务委员会和教务委员会就一切重大问题提出意见。在这三大领导机构下面，还设有学院事务委员会和教学委员会，就教学、科研等方面向校领导提出咨询意见。

地区大学则是指分散在各地，开始由地方创办的大学。这类大学内部治理结构大致相同，校一级有 3 个组织：校务委员会、总务委员会、教务委员会。其中校务委员会是大学的最高权力机构，但是没有多少实权。一般说来，其成员大多是非大学界人士，当中有议员、宗教领袖、社会名流等，个别学校的教授和系主任也参加校务委员会。校务委员会一年召开几次例会，审议财务、解决重大争论。总务委员会是主持财务和对外联系的，这是个有实权的执行机构，在聘用人员方面具有最终决定权，成员来自学校的专业人员（主要是教授）、地方当局指派人员，通常 3/4 的成员是非教育界人士。教务委员会是主持教学科研工作的机构，下设学院和研究所。其也像传统大学一样有教师大会、教职员工大会等群众性组织，但是大多徒有其名，并无实权。学校的校长负责行政和教务大权，通常兼任几个委员会的主席，校长的主要工作是和各个方面打交道，其中重要的一点就是开拓财源。

除了学校内部的一套治理机制以外，英国大学还建立了跨学校的协商交流机制，最为典型的就是大学校务委员会主席和董事会主席协会，以及大学校长委员会。前者是由传统大学的校务委员会主席协会和新型大学的董事会主席协会合并成立的非官方组织，其作用是为大学的校务委员会主席和董事会主席提供一个论坛，交流经验讨论问题。而大学校长委员会是由各个大学的主要负责人组成，代表大学处理与政府、议会、基金组织之间的关系。

2.2.2 美国大学的治理

美国高等教育历史悠久，在美国建国之前就已经有 9 所大学，其中最早的哈佛大学建于 1636 年，至今已有 380 多年的历史，美国建国之前诞生的这批大学直到现在都位列全美最好的 25 所大学之中。到 1994 年，美国共有大学 3638 所，其中公立四年制大学 600 所，公立两年制大学 1024 所，私立四年制大学 1569 所，私立两年制大学 445 所。在 1994 年总计 1449 万的在校学生当中，私立四年制大学有 286 万人，私立两年制大学有 24 万人。可见，从学校数量上看，私立大学占了美国高校的半壁江山，而就平均规模而言，私立大学普遍小于公立大学。正是由于美国大学办学历史悠久，积累了丰富的经验，建立了完善的治理结构，所以才在校园设置、学校和专业评估、经费筹措管理、校长选聘、教师的聘任、考核及晋升等方面均建立了一套行之有效的制度，成为当今世界高等教育界之翘楚。

2.2.2.1 外部治理机制

美国的联邦宪法中没有教育条款，但根据其中“凡本宪法未赋予联邦而又未禁止各州行使的权限，分别保留给各州和人民”的规定，美国的教育管理权限属于州政府而非联邦政府，因此高等教育管理具有地方性和多样化的特点。一方面，国家没有关于学校教学、科研、人事、财务等方面的法律法规，各州的教育法规也主要针对中小学，因此大学拥有很大的自主权，私立大学则不受政府的控制，但是政府并没有对私立大学彻底放手不管，而是通过制定《国家教育目标》《美国 2000 年教育战略》等进行宏观引导，总统和国会也会通过政治影响力和立法手段推动教育的发展与改革；另一方面，美国是一个崇尚自由竞争的市场经济国家，政府注重运用各种经济手段和市场机制来发挥政策导向作用。

由于美国的宪法规定教育属于州政府的管理权限，因此联邦政府对于高等教育的干预并不明显。但是自从 1958 年以来，联邦政府出于国家战略利益的考虑，开始通过不断立法加强对高等教育的控制。其中最具重要意义的分别是 1965 年的《高等教育法》和 1968 年、1972 年的两次修正案。

美国大学数目种类众多，各州情况不同，因此高等教育的法律类型也很复杂。公立高校必须完全遵守联邦宪法，同时还需要遵守所在州的宪法和各项行政法规。但是私立大学则可以不受联邦宪法中有关控制公共权力行使的宪法条款约束，而且由于私立大学不是州政府的机构，所以其也不必遵守州议会或政府制定的用以约束包括公立大学在内的公共机构的有关法律。但是尽管如此，美国还是制定了许多涉及私立大学的法律法规，以强调公立大学和私立大学的平等，如《西北法案》《莫雷尔法案》《哈奇法案》《军人权利法案》《国防教育法》《高等教育设施法》《高等教育法》等，其中许多条款也适用于私立大学，对私立大学的发展产生了重大影响。这些法案与判例对私立大学的合法存在、私立大学与公立大学具有同等地位的实现、私立大学的财政资助的获得等方面都起到了推动作用。

2.2.2.2 内部治理机制

美国的大学种类很多，有两年制学院，有四年制学院，还有研究型大学，但是各种学校的最高决策和权力机构都是董事会。董事会在有的州属于外部治理协调机制，这主要是就公立大学而言的，因为有的州若干所公立大学共同由一个董事会进行管理，如伊利诺伊州的北伊利诺伊大学、伊利诺伊州立大学、圣格蒙州立大学就归同一个董事会管理。而绝大多数私立大学和其他州的一些公立大学则拥有各自独立的董事会，那么此时董事会就作为单独一个大学的内部最高权力机构出现。董事会都有自己的章程，对董事会的组成、任期、工作制度、职责范围等做出明确规定。如前所述的那 3 所大学共同的董事会就由 14 人组成，其中 11 人有投票权，任期 6 年并且可以连任。另外 3 人为各校的学生代表，任期 1 年，没有投票权。而管辖两个以上学校的董事会一般都任命一位学监或总校长主持日常工作，各校校长对学监负责。一般来说，董事会主要由校外人士组成，来源多是政府官员、企业首脑、社会名流等，校长可以作为董事会成员，有的还可以担任主席。从20世纪60年代开始，董事会在学校师生的压力下也开始吸收师生代表。公立大学的董事会由选举产生或者由州长指定，私立大学的董事会在出现缺额时，由现有成员推选。董事会的规模因院校不同而异，少的7~8名，多的可以有70~80名。一般来说，私立大学为了广开财源，董事会的规模往往较大。董事会一般设主席1人，副主席1人或若干人，以及书记、司库等职位。董事会下设常任委员会，在董事会休会期间代行董事会职权，此外还设有设备委员会、投资委员会、发展委员会、学术事务委员会、学生事务委员会等机构，分别处理学校的财政、学术、学生、发展等事务。如有必要，董事会主席还可以设立临时性的专门委员会。董事会会议1年至少举行4次，下设的各个委员会每月召开会议1次。董事会的权限由批准建校的特许令或立法决定，一般来说，董事会的主要职权是任命校长、审批专业和课程设置、决定学费标准和校园基本建设、通过学校经费预算等事关学校长期发展规划的重要事项，对于具体的内部管理工作并不介入，特别是学术管理权限交给教授评议会负责，其他许多决定也是在学校有关部门保送具体意见的基础上形成的。

除了董事会以外，校长是学校行政管理的最高负责人，对学校内部各项工作具有最终决定权。由于董事会成员以校外人士为主，董事会把处理学校日常事务和大部分管理权交给校长，因此美国校长的权力要大于英国和德国校长的权力。校长一般由董事会推选，是董事会的法定代表和执行官员。随着大学管理的日益复杂，目前美国大学校长从企业家或者企业管理人员中选聘的比例越来越大。校长是全校一般管理和学术管理的总负责人，在一般管理上负责全面的行政组织并向董事会提出一般行政管理人员的任命建议；在学术管理上，提出学校总的学术政策，在具体的课程设置、教师聘用晋升等事务上起协调作用，并且担任评议会主席。尽管如此，校长一般负责关系到学校发展的重大政策性问题，并负责协调和处理学校与董事会、政府、社会的关系，广泛筹集资金，这一点也是美国大学校长的一个重要职责。至于日常行政管理工作，则由兼任教务长的常务副校长承担，这一职位在学校的人事、教学、科研等方面拥有很大的权力。其他副校长根据校长的授权各自分工一块，副校长数量一般都在5人以上，有的学校甚至多达10人。美国校长和常务副校长之间的这种权力配置有点儿类似于英国的大学——英国大学的校长一般由具有社会声望的名流担任，如女王、亲王、学术界名流等，一般只起着代表学校形象、出席毕业典礼等仪式的作用，而常务副校长才是真正管事的。

学校下设的各个学院和系的院长和系主任由董事会根据校长的推荐任命，个别学校则由教师直接选举。校内各级行政人员的产生一般实行逐级任命制，即副校长由校长根据遴选委员会的推选意见聘任，有的学校还要报请董事会批准，各处室领导由副校长任命，处以下其他职务及普通工作人员的聘任和晋升则由处室领导决定。但是所有职务的任命必须在充分尊重学校人事委员会的考评推荐意见基础上进行。主管领导可以将自己提出的人选推荐给人事委员会，委员会对每一个空缺职位都要推荐 2 ~3 个候选人并排出顺序，主管领导如果没有特殊原因，应该选用最优先的人选。从这种人选任用过程中可以充分看出美国高校内部治理结构决策机制和监督机制的良好平衡。一方面，为了激励主管领导的用人自主权，他可以提出自己的人选；另一方面，为了避免“用人唯亲”，人事委员会也要提出自己的人选并且排序，从制度上规定主管领导不能无故拒绝人事委员会的意见。

除了上述这种直线型的由上到下的权力系统以外，美国大学（包括私立和公立）内部还设有各种委员会参与学校的治理工作，其中在学校一级设有校务委员会和教授评议会。校务委员会由校长兼主任、若干副校长、院长、系主任、管理人员、教授、学生代表等多个利益相关者组成，并且内部又分设若干专门委员会。校务委员会的主要职责是制定学校的政策，对人员工资、职务晋升、学术休假、终身教职的授予等事项提出建议和具体办法。而基于共同治理的原则设立的教授评议会则体现了学术权力系统在大学内部治理中的作用，其作为全体专任教师的正式代表机构对学校的大政方针进行咨询，并提出教师对学校建设的基本主张。其对于促进教师参与学校管理、维护教师权益等方面起着重要作用。在私立大学当中，教授治校具有悠久的传统，涉及教学和教师利益的问题必须先由教授评议会讨论通过后才能报校长批准执行。评议会主要的职责是确定校历、决定课程计划、确定学生录取和学位授予标准及校内各种设施的使用。评议会往往根据本身所负的责任，划分成议事委员会、学术政策委员会、教师发展委员会、调查委员会等。规模较小的学校，评议会由全体教师组成，规模较大的学校，评议会由学校各个院系的教师代表组成，成员职称一般是副教授以上，但是近年来行政管理人员、学生担任评议会成员的数量有上升趋势。根据斯坦福大学的一份研究报告显示，全美高校中 60% 的评议会有行政管理人员代表，50% 的评议会有学生代表，30%左右的评议会有非教学科研人员代表。评议会与董事会之间的权力配置是这样的：董事会负有全权，但是董事会基本上都把制定学术政策和管理学术事务的权力交给评议会，由教师就学术问题做出决策，保证学术自由和学术管理的高效。评议会制定的关于学术事务的政策一般交由董事会批准，但基本上是走个程序而已。而评议会与校务委员会这两个学校一级的委员会之间的权力配置关系是这样的：校务委员会具有决策权力，而教授评议会更多地扮演着咨询、议政机构的角色，这也可以从其名称中看出。但是对于学术系统内部的事务，教授评议会则拥有绝对主权。这种权力配置有效地保证了行政权力不能侵犯学术权力，而学术权力可以参议行政事务。

除了这两个学校一级的权力机构以外，学校还设有学术计划委员会、体育运动委员会、校园管理委员会、福利委员会、教师申诉委员会、名誉学位委员会、知识产权委员会等几十个各司其职的组织。在学院和系一级也设有相关的学术和人事方面的委员会，这些委员会的设立和运作在一定程度上起到了制约校长和其他行政人员权力的作用，体现了美国大学治理中的民主、制衡精神。

因此，美国私立大学法人治理结构的特征主要表现为：一是法人制度与董事会制度相结合。美国私立大学的治理模式就是以学术法人为基础的外行董事会的自治模式。法人制度维护了大学的整体性和独立性，确定了大学独立于外部权威和资助者的法律地位，为保护大学最大限度的自治和外部最小限度的干预提供了合法制度。但是法人制度会导致大学过于封闭，忽视社会的需要。外行董事会制度能及时反映社会要求和吸纳外部资源，其是大学与外部环境之间的中介和桥梁，是保护学校免受外部直接干预的缓冲剂，使不通过董事会的直接干预成为不可能。二是外行人员与内行人员相结合。外行董事会成员以外行为主，把持着大学发展的宏观政策和方向，“外行管理机构一直被认为是‘公众’权力与大学联系的显著的美国手段”。董事会通常把大学日常事务的管理权力下放给由校长领导的行政管理群体，而学术事务管理权力则交给学术专家——教授们。这种外行人员与内行人员相结合的模式同样有利于克服各自方面的不足，形成了美国私立大学独特的法人治理风格。三是大学自治与政府调控相结合。美国私立大学高度自治，学校自主办学，不受政府控制。与美国公立大学董事会不同，州政府不会派遣政府人员担任私立大学董事会成员，虽然有某些私立大学会为政府官员留有拥有投票权的董事会成员名额。私立大学有权自行任命教授、招聘与解雇校长、自由挑选学生和自行决定课程开设。学校不依赖政府拨款，政府部门通过制定法规和资金资助与大学保持着联系并影响大学，实现了大学治理与政府宏观调控的有机结合。四是学术权力与行政权力相结合。在美国私立大学内部治理中，学术权力与行政权力相结合是特色。学术机构和行政机构分别掌管学校的学术和行政事务，从校、院到系都形成了二元治理结构。该结构从系级、院级再到校级，是以系主任、院长、董事会和校长为首的三级行政体系，他们拥有着行政权力。而每个层次都有由教授为主组成的教授委员会，他们拥有着学术权力，发挥着“教授治校”的作用。在治理结构中，这两种权力呈现出此消彼长的变化趋势，由下往上，行政权力不断增强，董事会拥有最高决策权。但是随着行政体系权力的上升，学术体系的权力逐步减弱。在校一级，行政权力大，教授会的学术权力弱；而到了系这一级，行政权力较弱，教授的权力比较强。行政权力的分布正如 Duderstadt 校长所指出的，“管理组织就像金字塔，领导的责任和权威从塔的顶端流出，从大学的董事会和校长流出”，而各层次学术权力的分布合理，又体现了美国私立大学“教授治校”的特征。五是外部制约和内部制约相结合。外部主体会以各自的方式对私立大学的治理进行制约。例如，政府部门会通过制定法律法规间接影响大学的治理；认证协会则是通过制定认证标准来影响大学的治理，认证协会会对大学进行评估，如果不符合协会制定的标准，就得对学校进行调整，否则学校不是倒闭就是被合并；校友们通过校友会来实现对私立大学治理的影响。除了外部的制约，美国私立大学内部的制约机制也很完善。董事会、校长职位本身就会产生约束作用，主要体现在各自的产生过程、对候选人的要求及任期制等。同时，私立大学内部治理主体之间是相互制约的。私立大学的校长是在董事会监视下运行其职责的，校长的职责也是由各大学的董事会制定的，并通过控制校长的遴选和罢免权，对校长进行制约。各院的院长、系主任各担其职，但是没有最终决定权，最高决策权掌握在董事会手中。然而董事会也不能乱用权力，因为教授会是大学里的另一股力量，拥有学术权力，会对行政权力的实施进行监督，而且各院系都设有主要由教授组成的教授委员会，与院长、系主任一起管理，形成了学术人员群体和行政管理人员群体相互监督、共同治理大学的局面。

2.2.3 法国大学的治理

法国是资本主义国家中社会主义倾向最明显的一个国家，政府对社会、经济、文化的主导作用要明显强于其他资本主义国家，在教育领域内也是如此。法国的大学“属于国家的公共机构，主要由政府管理”，大学的私立、公立区别不明显，属于教育集权制国家。但是这种集权又具有分权的特点，表现为中央一级的各个部委各自为政，教育部内部也是各个司局界限鲜明。

2.2.3.1 外部治理机制

法国是西欧各国中最早进行教育立法的国家之一，国家通过各类法律法规发挥政府的干预作用。中央政府通过制定教育法令和政策对各级各类学校进行宏观控制，在全国范围内推行必要的教育改革措施。从 19 世纪到 20 世纪 80 年代，法国先后颁布了几十部教育法和上百部教育法令，其中最重要的有拿破仑的《教育法》、1968 年的《高等教育指导法》、1984 年的《高等教育法》，以及 1989 年的《教育指导法》等。目前，法国正在制定融会贯通的单一法典——《教育法典》，将囊括第三共和国的教育基本法律法规。其中 1968 年 11 月 12 日颁布的《高等教育指导法》对沿袭了几百年的法国高等教育进行了第二次世界大战后的第一次重大改革，明确地规定了法国高等教育的性质、任务、结构、教学、科研、财务和管理体制，确立了大学“自治、参与和多样性原则”。该法对全国大学的文、理、医、法等院系体制进行了结构性调整，取消了大学的院系结构，成立了新的大学基层组织——教学与研究单位，同时规定大学实行民主管理，大学校长由理事会选举产生等。而 1984 年的《高等教育法》进一步提出了大学治理的“民主化”原则，要求进一步下放权力，以便充分发挥高校的积极性。

法国大学的外部治理尽管表现出浓厚的集权制特色，但是大学及大学之间的自治倾向也越来越明显。这种自治权包括许多方面的内容，有教师的学术自由，也有学生的学习自由，还有学校按照大学运行的特殊规律进行自我管理的自由。在法国，高等教育的自治权突出地表现在两个方面：一是国家、社会对于高等教育的权力约束逐渐减弱；二是大学在内部治理上的权力逐渐扩大。首先，在大学同中央集权制的各级管理机构的关系中，法国大学的自治权主要来自各种教育咨询机构。目前，法国的中央国民教育部下设许多全国性的教育咨询机构，如国民教育最高委员会、大学校长联席会议、高等教育和科研全国委员会、全国高校评议委员会等。此外，还有从上到下完整的督学组织，对各级教育行政官员进行辅佐、监督和指导学校的教学管理，督学组织基本上由教师组成。而在全国具有重要影响力的两个高等教育咨询机构——高等教育理事会和大学咨询委员会，成员中教授占绝大多数。高等教育理事会是一个由 17 人组成的专门负责就大学的教学内容向中央提供建议的组织，大学咨询委员会则在所有教学人员的聘用和晋升方面具有决定性的发言权。因此，法国大学的自主权实质上是一种教授的自主权，他们对于大学治理的建议一般都可以得到保证，而这种保证是从以学术权力为基础的行政权力中获得的。大学在对内部的治理上的权力逐渐扩大，主要反映在《高等教育指导法》上。该法进一步规定了大学在教学、财务和行政方面的自治，并规定大学有权决定本单位章程和内部机构，特别是在招聘教师方面更具灵活性，改变了以往大学招聘教师必须按照国家公务员统一招聘的章程。该法以确定大学的法人资格来保证其财政上的自治，赋予大学“各校通过表决决定学校预算，做到收支平衡，计划公开”的权力。

除了依靠各种立法从外部加强对大学的治理规范以外，法国各级政府在大学治理中也发挥着重要的影响。法国是典型的三权分立国家，在教育管理体制上有中央、大学区、省和市镇 4 级。从 1808 年拿破仑颁布《帝国大学令》建立中央集权、下设学区并辅之以督学的教育行政管理体制一直沿袭下来。但是由于不断强化的中央集权制管理遭到社会各界越来越多的批评，加上高等教育中其他问题的尖锐化，终于爆发了 1968 年的“五月学潮”。后来提出的《高等教育指导法》就规定大学内部治理要实行民主化，大学各级管理机构要有包括教师、研究人员、学生、行政和服务人员在内的各类人员参与，大学的决策机构还要吸收一定比例的校外人士。这标志着中央集权的弱化、大学自治的强化。尽管如此，在西方各国当中，法国高等教育的中央集权特征依然鲜明。而在地方上，高等教育的外部治理主要表现为学区的形式。自 1968 年以后，每个学区都有不止一所大学，因此学区长不再是以前的大学校长了，而是包括大学在内的本学区各类学校的总管，学区长由教育部长推荐、总统任命，大多是大学教授，这说明学区长只是教育部而非大学的代理人了。

2.2.3.2 内部治理机制

在 1968 年《高等教育指导法》颁布之前，大学区总长是行政首脑，但是没有实权，权力实际掌握在学院手中，特别是学院的讲座持有者手中。大学的基本单位是正教授个人及其科研所或实验室，学生参与大学内部治理的程度极其有限。1968 年的《高等教育指导法》对大学内部治理进行了改革，核心思想就是把自治和学生参与作为大学内部治理的关键原则。该法规定，大学理事会是大学决策机构，由选举产生的教师、研究人员、学生、行政和其他人员代表组成，还有一定比例的校外人士参加。同时，取消原来的院系建制，成立新的大学基层组织——教学与研究单位，大学变成了两级结构。此外，由于规定每个学区可以设立若干所大学，大学的规模比过去有所缩小，开始成为实体。但是 1964 年的法律没有对大学的组织结构做出明确规定，因此各个大学的内部组织结构不仅没有统一模式，有时连名称也相去甚远。总体上看，法国大学的内部结构可以分为两类：一类是“传统型”，即行政性比较强；一类是“民主型”，即参与性比较强。1984 年的《高等教育法》基本保持了 1964 年法律的原则，并进一步扩大了学校的灵活性。目前，法国的大学仍然实行校、“单位”两级结构，学校规模大大缩小，校一级行政部门被简化和压缩，校长更多地集决策和执行的职能于一身。

具体地说，《高等教育指导法》规定大学内部主要权力机构是推选出来的理事会（不超过 80 人）及校长。理事会成员来自教学人员、科研工作者、学生、非教学人员，再加上 1/6 ~ 1/3 的校外人士组成。教师代表的人数至少必须与学生代表人数相等；教师代表中至少要有 3/5 的人是持有或有资格取得教授头衔的，或者是被承认有资格在大学任教的国立中高级教师职位考试及格者。而在大学的基层组织——教学与科研单位，则有成员最多为 40 人的类似的理事会。这两个级别的理事会代表都是由选举团通过无记名投票选出来的，学生只能在一个教学和科研单位参加选举，但是如果在选举中投票的学生少于注册学生的 3/5，那么理事会的学生代表就要相应地减少。《高等教育指导法》规定选举团的组成应由政府法令加以规定。

校长则是大学的最高行政领导人，由大学理事会选举产生，任期 5 年，不得连任。作为大学的法定代表，校长不能兼任教学与科研单位的主任。如果他不是正教授，则必须得到 2/3 的选票才能当选，并经国民教育部批准。校长的职责是维持校内秩序，并批准预算中的开支。上级教育行政部门经过校长同意后任命秘书和会计师协助校长工作，规模较大的大学设有副校长。

此外，1984 年的《高等教育法》规定，大学内部设立行政、科学、教学与大学生生活 3 个委员会，“大学的管理，通过校长的决定、行政委员会的决议、科学委员会和教学与大学生生活委员会的建议和意见得以实现”。3 个委员会的成员均包括本校师生员工选出的代表和校外有关人士，人数 20 ~ 60 人不等，其中教学和研究人员占 2/5。行政委员会负责确定本校的各项政策，尤其是涉及合同、表决预算、分配编制、批准重大财政收支和机构变动、批准或授权校长做出有关决定等。根据 1984 年的法律要求，每所大学必须有自己的“章程”和“内部规则”，制定的权力属于行政委员会。科学委员会属于咨询机构，负责就科研、经费分配提出建议。教学与大学生生活委员会也是咨询机构，负责就有关学生学习和生活的问题提出建议和意见。

综上所述，中央集权与学校自治相结合是法国大学治理的最根本特点。但是尽管近年来权力一再下放，但实质性的权力仍然掌握在教育部手中，学校和师生的自治余地还很有限。这种各自从本身利益出发的上下权力之争有碍实施科学的治理机制。同时，由于大学的大部分教师和学生都参加了各种各样的工会或学生会，派别有数百种，观点众多，致使各级理事会的会议往往带有强烈的政治和派别色彩。

2.2.4 德国大学的治理

传统上，德国的大学既是自治的社团组织，又是国家的行政机构，因此德国的大学既与其他欧洲大学一样具有自治的传统，此外，又有受国家控制这一特点。1794 年的《普鲁士国家民法通则》就规定大学既属于国家机构，同时又是享有特权的社团组织。这一规定对 19 世纪以来德国大学的治理产生了深远影响。这种大学的双重身份意味着大学的治理权限也一分为二作为国家机构，大学既要服从政府的管理作为社团法人，又享有一定的自治权限。但是和法国类似，德国的大学也不存在严格的公立和私立之分。

2.2.4.1 外部治理机制

德国是实行教育立法较早的国家，早在 18 世纪就已经有了比较完整的教育法规。第二次世界大战之后，当时的联邦德国在迅速恢复经济的同时，不断修改教育立法，成为教育立法大国。20 世纪 60 年代以前，在德国高等教育领域内除了各个学校的章程和条例以外并无其他相关法律。1969 年修改宪法后，联邦德国政府制定了纲领性法规的权限，为制定高校总法提供了法律保证。1976 年，第一部统一的、适用于各州的《联邦德国高等学校总法》正式诞生，这部法令相当于德国高等教育领域的“宪法”，在教育领域内其法律效力仅低于国家的《基本法》。在此之后，各个州分别制定了本州的《高等学校法》。因此，德国大学治理的一个显著特征就是通过完善的法律法规体系从外部加强对学校的监督制约。

而加强教育立法也是为了实现联邦政府和州政府对高等教育机构的宏观管理的一个必然途径。根据德国《基本法》的规定：“文化和教育事务的主权在州，国家对教育事务的监督主要通过州进行。”因此与法国和苏联等实行中央集权的教育管理体制的国家不同，德国的高等教育宏观管理体制是一种典型的分权制，州政府对高校的管理是全面、经常和具体的，而联邦政府的权限是宏观、有限和有所侧重的。在州政府与高校的关系上，政府居于支配性地位。尽管高校在教学和科研等学术事务上享有自治权力，但是学术事务之外的其他事务，如人事和财务事务都直接或间接的由政府管理。政府这种支配性地位的合法性来自这样一种观念，即高校既是法人团体又是国家机构，作为国家机构的高校必须服从政府的管理。这种管理从理论上被视为一种义务、一种扶植，保证了作为自治团体的高校发展，高校独立从事教学科研活动的独特地位又是受到宪法保护的。德国高校管理的分权体制类似于美国高校，但是和美国相比，德国高校与政府的关系更加密切。高校与政府的这种密切关系来自于 19 世纪威廉·洪堡进行大学改革时的一个思想，即大学由国家开办，但是大学对内部的学术事务享有高度自治。因此，政府高度规制下的学术事务与非学术事务相分离是德国高校治理的另一个特点。

具体地说，德国在中央政府一级实行高等教育管理的机构主要有联邦教育和科学部、联邦与州教育计划委员会。其中联邦教育和科学部负责制定高等教育普遍适用的法规，并且在教育规划、更新高校的教学设备和跨地区的科研项目上与州政府合作。联邦与州教育计划委员会是联邦教育和科学部的咨询机构，主要负责研究全国高等教育长期发展规划、对各州的高教计划提出建议、讨论教育预算等。在州一级，州教育部是对本州范围内各个高校实行“集权”管理的最高机构，其负责批准大学的章程，根据各个大学院系的提名，任命教学人员，审核、批准大学考试制度、规划，为大学提供经费。除此之外，德国高等教育界还成立了大学校长会议，这是由具有博士授予权和教授备选资格的大学自愿组成的一种协调咨询机构，负责协商有关成员单位的科研、教学事宜。会议成员代表所属各个高校的利益，会议以建议的形式发挥影响。

2.2.4.2 内部治理机制

根据前文所述，德国大学治理的一个显著特点就是法律的作用相当明显。《高等学校总法》第4章用了3节的篇幅分别规定了“大学的自治和国家管理”“大学的机构”“大学的计划”等内容。

该法规定，大学的集体领导机构有权“决定本校的基本规章制度和选举大学的领导机构”，并讨论和决定全校范围的各项基本问题。在第二次世界大战之前，德国高校一直沿袭教授治校的体制，以教授为主组成的委员会管理学校重大事务。随着战后大学规模越来越大，单靠教授委员会治校已经不现实了。而且战后民主要求的呼声越来越高，教师、学生都要求参与学校内部治理。因此，目前根据《高等学校总法》的规定，大学最高领导机构是全校教职员工代表大会，其也是大学的立法机构，成员由4个方面人员的代表组成，包括教授、助教和科研助手、其他职工、学生。全校教职员工代表大会的主要职能是选举校长。

在全校教职员工代表大会下面设有校务委员会，校长是当然委员，教授、教职员工、学生均有代表参加，这是全校最主要的管理机构，主要负责确定校长的候选人、选举总务长、批准学校预算申请案、最终确定录取学生数量，就建立、改建或撤销学术机构做出决定，对涉及科研和学术人才培养的一般性问题做出决定，审议硕士和博士考试规定，批准教授候选人名单等。在系一级，系务会是基层决策机构，系主任任系务会主席，教授及学生都是系务会成员。系务会选举系主任，负责安排课程的开设、协调教学与科研活动、确定补缺教授职位候选人等。系主任独立负责执行系务会决定，负责日常管理工作。系主任有权支配系内学术及非学术辅助人员，并监督检查系内工作，但是无权监督教师本人的教学科研工作。

前文说的全校教职员工代表大会—校务委员会—系务会是大学内部三级决策机构，而大学校长则是全校最高行政管理长官，负责执行校务委员会的决议。校长可以是两年制任期的校长，必须从教授中产生，也可以是至少四年制任期的校长，不一定是教授，但是必须受过高等教育，并且拥有多年从事科学、经济、管理或司法领导工作的职业经验。目前后一种校长占多数。

校长由校务委员会选举并且报州政府正式任命，负责全权管理整个学校的行政事务。校长一般还有2~4位副校长作为助手，副校长必须从本校选出，分别负责科研、教学、财政、规划等工作。副校长当中有一位常务副校长，也叫总务长，在有的州常务副校长服从于校长，有的州则直接对州教育部长负责。常务副校长一般还是州政府委托的校内财务专管人。除了校长、副校长以外，州政府还任命终身制的常务秘书，不论校长如何更换，常务秘书始终负责大学日常事务。上述三者共同组成日常校务办事机构，每周开一次例会，向下属机构布置近期工作。

尽管德国大学受到政府规制的程度要强于美国大学，但是大学的学术权力系统内部仍然享有高度自治。此特点可以从德国大学基层的教学和科研组织的治理情况看出。根据德国的高等教育法规，大学内部的基层教学科研组织叫作“学术机构”，但是其基本上仍然沿用旧名，如研究班、研究所等。其规模和组织程度差异极大，小的研究班只有1名教授加上很少的几名学术助理，没有专职的行政管理人员，而在自然科学领域大的研究所中，往往有10~20名教授，还有上百名辅助人员。学术机构的管理方式分为3种：一是集体制，即选出几名教授组成领导机构，集体领导；二是任期制，选出一名教授担任领导，到期改选；三是集体兼任期制，由几名教授共同组成领导集体，大家轮流担任领导人。在学术机构中，教授具有绝对支配权力，决定机构内部一切重大事项，如编制外辅助人员的分配和使用、事业经费的分配等。

2.2.5 日本大学的治理

在第二次世界大战之前，日本的高等教育主要是以天皇颁发的诏书——《教育敕语》为最高法律依据，教育属于天皇的特别权力，凡是有关教育的法令都是以敕令形式发布的，这是一种“超法律状态的精神统治”。当时的高等教育处于高度的集权主义控制之下。第二次世界大战之后，日本改革了教育立法程序，改天皇颁布敕令的敕令主义为国会、内阁、文部省及地方立法的法律主义，高校的治理也从中央集权型向学术自治型过渡。根据1947年日本《教育基本法》的原则精神颁布的《学校教育法》第5章第52条规定，日本高等教育机构的目的应当是“大学作为学术中心，使学生受到智育、德育，并使其应用能力得到发展”。这样，高等教育的行政管理也随之围绕“以学术为中心”的思想，成为较为自由、保持各个学校特色的“自治型”。

2.2.5.1 外部治理机制

目前，日本高校的外部治理环境总体上具有如下 3 个特点：一是改变了中央教育行政组织的职能，由指挥和监督下级教育行政机关改为指导、建议、劝告、服务和补助，逐步形成了中央向地方适当分权的高等教育管理体制；二是建立了法律主义的教育行政管理体制，以完备的法律制度来保证高校的有效运转；三是建立了完善的咨询决策机构作为决策的支持辅助部门。

从战后日本高等教育外部治理的法律环境来看，《教育基本法》相当于教育界的“宪法”，而 1947—1949 年相继制定的《学校教育法》《教育委员会法》《文部省设置法》大大削弱了文部省的权力，较为“一步到位”地实现了高等教育管理的地方分权。但是，这种分权化进程在 20 世纪 50 年代出现了逆转——为了适应当时国际国内形势的变化，1956 年出台的《地方教育行政组织经营法》又加强了文部省的权力，逐渐建立了中央集权与地方分权相结合、以中央集权为主的高等教育管理体制，国家开始重视用法律手段规制高校。到了 1990 年，日本政府颁布了《终身学习振兴法》，该法一个值得注意的动向就是进一步强化了文部省乃至通产省等中央部门的教育行政权力，使得日本的高等教育管理体制向着中央行政主导型的方向演变，高等教育的中央集权体制进入了新一轮的强化阶段。

按照日本《学校教育法》的规定，除了国家和地方公共团体可以举办学校以外，学校法人也可以举办学校。其中，由国家（中央政府）举办的学校叫作国立学校，地方公共团体地方政府举办的学校叫作公立学校，而由学校法人举办的学校叫作私立学校。国立和公立学校因为是由政府举办的，所以学校的人事管理和财务管理均按照政府机构的相关规定执行，私立学校的经营管理则具有较大自主权，主要靠董事会发挥着主导作用。因此，政府机构对于高校的外部治理也是分类分级别进行的。具体地说，日本国会的参众两院各自设有“教育常务委员会”，审查政府的教育方针、法规、计划等，是日本高等教育政策的最高审核决策机构。内阁是法定的最高教育行政机关，内阁总理是最高教育行政首长，内阁下设的文部省对高校的管理权限是制定教育改革措施和教育工作的近期远期规划，领导地方教育行政机构、大学等，分配国立大学、短期大学、高等专科学校的经费，确定教职员工的工资标准，审批新设学校，负责人事任免等。相对于其他国家的中央教育行政机构来说，日本文部省的职权范围相当宽泛，但是这并非说明文部省可以支配一切，其只能在法律授权的范围内管理高等教育。为了更好地进行高等教育管理，文部省还设立了若干咨询机构，如中央教育审议会、大学设置审议会、私立大学审议会、高等专门学校审议会、学术审议会、教育课程审议会等，这些审议会按照各自的任务行使审议权，为文部省的决策提供建议。在地方上，地方教育行政机构负责管理公立大学和地方政府县办的其他高校，管理内容与文部省大致相同。这种分权模式类似于我国的中央直属和地方省属高校的分级管理体制。日本地方教育行政最主要的特征是建立地方教育行政法体制，实行教育委员会制度。地方教育委员会的管理权限相当广泛，负责所辖学校的设置、管理和废止权、对高校具有财产管理权、拥有高校的人事任免权等。

2.2.5.2 内部治理机制

如前文所述，日本的高校体系包括国家设立的国立大学、地方设立的公立大学及学校法人设立的私立大学 3 种。其中国立大学直接归文部省管理，而公立大学和私立大学的设置、撤销必须得到文部大臣的认可。就私立大学的内部治理来说，学校理事会是最高权力机构。根据《私立学校法》的规定，学校理事会由以校长为首的校方和资方等方面的代表 5 人以上组成。理事会设置理事长，主持理事会的工作，理事会负责学校的经营管理，掌管大学的人事任免权和财政权，性质类似于公司的董事会。理事会的作用主要表现在以下几个方面：首先，按照学校未来的发展目标，就学校发展的重要计划和政策做出最终决定，从这一点可以看出理事会是私立学校的最高决策机构。其次，拥有设置新的学校、改编旧校、确定学校的组织机构、合并及解散学校法人等的权力。再次，具有最终决定校内各主要组织机构的最高负责人的人事安排权力。最后，确定学校运作的基本方针，监督有关人员根据这一方针履行职责。理事会必须经过半数以上理事会成员的同意才能决定学校法人的业务。此外，为了防止理事会独断专行，《私立学校法》还规定学校必须有 2 名以上的监事，负责监察学校法人的财产状况和理事业务的执行情况。发现问题可以向学校的评议会汇报，并有建议理事长召开评议会的权力。所谓的评议会是理事长的咨询机构，评议会的成员数量是理事会人数的 2 倍，由教职员工代表、毕业生代表及与该学校法人没有任何利益关系的社会名人组成。评议会由理事长负责召集，理事长在预算、资产处理、捐赠行为的变更、学校法人的合并和解散、有关收益事宜等重要事项上应首先听取评议会的意见。从这点看，评议会原则上只具有咨询机构的性质，但是在有些私立大学，评议会是作为“决议”机构设立的，上述这些内容必须经过评议会的讨论通过才能执行，如早稻田大学和庆应大学的评议会。以大阪工业大学和摄南大学这两所私立大学为例，两校的理事会有 13 名理事，其构成是这样的：两所大学的总长和校长在任职期间自然成为理事，2 名由评议会成员互相选举产生，其他则经评议会同意，由与学校法人有关的利益相关者担任。从中可以看出，评议会成员的“外部代表”完全由和学校没有利益关系的人士担任，而理事会则含有与学校利害相关的成员代表，这就保证了评议会作为理事会的管理机构，对理事会加以制衡、监督的独立地位。理事会每个月举行一次例会，理事长如认为有必要也可以召开临时理事会。

上述的理事会及监事和评议会是学校法人代表的管理机构。大学内部还有另一层管理机构，就是以校长、教授会、学部长联席会议为核心的负责具体事务的执行机构。私立大学的校长由教授会选举，理事会任命，主要负责组织教学、科研和一般的行政事务工作。校长对学校的管理是通过与学部长联席会议和教授会的配合进行的。学部长联席会议是处理校内事务的重要机构，由校长定期主持召开会议，而教授会一般设在学部一级。学部是日本大学的中层组织，由学部长主持，讨论事项以多数人表决为决策机制。在决定教师人事等重要问题时，采取无记名投票方式。教授会的具体权限包括讨论决定本学部的教学科研方针、教师人事、学部预算、课程设置、招生等一切与教学科研相关的事项，此外还具有选举学部长和校长的重要权力。

2.3 国外私立大学治理总结

从以上 5 个国家对私立大学治理的经验中我们可以发现，高等院校与政府的关系最为松散的是美国，19 世纪 60—70 年代美国政府对高等院校进行法律干涉，在此之前，美国高校都拥有绝对的自治权。与美国不同的是，德国通过政府立法对高等院校进行管理，高等院校是作为公共性机构或者国家机器而存在的，所以政府对高等院校的干预更加强，政府与高校的关系更密切。日本因为文化具有东方特色，受东方影响比较大，高校与政府的管理最为密切。第二次世界大战前日本高校的集权制最强，是政府管理的机器。第二次世界大战后，随着时代背景的变化，日本制定了相应的高校治理法律，高校治理逐步法制化，但是随着时局变迁，日本政府又加大了政府对高校的集权控制。

虽然从总体来看，各国都在努力通过法律法规的完善来加强对高校的外部治理，从而提升高校的办学质量。而且政府对于高校的微观事务给高校充分的自主权，保障高校在科研、教学上能充分发挥高校的能动性，只对高校进行宏观调控，这也是高校健康发展所必需的。在立法上，为了高校的稳定有序发展，积极制定并完善高等教育的法律法规，通过法律程序对高等教育领域进行宏观调控，而不是直接用行政手段来进行管理，保障了高校作为社会团体的自主性和自由度。随着经济的不断发展和居民生活水平的逐步提高，社会对于文化的多样性需求也越来越强，这也对我国的高等教育的办学水平和质量提出了更高的要求，我国的教育领域面临的挑战也越来越大，特别是一些民营高校，面临的不确定性和困难更加复杂。在一些发达国家，师资力量不足是民办高校的通病，而且民办高校教师的流失率远远高于其他行业；在资金上，民办高校的资金缺口也越来越大，教学技术也跟不上时代的发展和学生成长的需要，民办高校面临的挑战与日俱增。我国的民办高校虽然办学规模在不断地扩大，但是教育资源参差不齐，政府在民办高校的治理中存在这样那样的问题，民办高校自身也存在着问题，所以我国政府在引导民办高校的健康发展上还有很多未完成的工作要做。

3 我国高校治理的历史演进

为贯彻落实党的十八届三中全会对教育领域综合改革的部署，高等教育领域需加快推进治理体系和治理能力的现代化建设，要重点推动高校内部治理结构现代化的变革。基于权力分配的视角，完善高校内部治理结构的根本途径在于构建权力制衡机制，有效保障政治权力、行政权力、学术权力与民主权力间的均衡配置，形成科学、合理的权力结构。本章将着重探讨权力演进与高校内部治理结构的关系，分析当前高校内部权力失衡的表现，并从权力制衡的角度提出高校内部治理结构现代化的变革路径。

3.1 高校内部治理结构的历史嬗变

马克思在权力演进理论中阐述了政治权力和经济权力相互依存、相互影响的生成范式，深刻分析了权力演进的基本趋势及其对社会治理结构和发展方向的影响。该理论范式对于我们分析高校内部治理权力的演进，以及探索高校内部治理结构中的权力分配机制具有重要价值。我国高校内部治理结构的不断发展与高校内部权力的演进有着密切的关系，不同历史时期的权力分配决定着高校内部治理结构的不同特色。

3.1.1 晚清时期：多元权力主体的外部治理

明末清初的“西学东渐”萌生了现代高等教育的思想，随着洋务运动、戊戌变法的出现，现代意义上的高校也逐步建立。洋务运动时期，高校的管理权力配置以政府为主体，教会和官商也以投资主体的身份参与高校管理。该时期的高校内部治理具有明显的政府科层式内部组织结构，高校内部权力结构分为3级；一是总管大臣，掌握管理高校一切事务的权力；二是正提调、帮提调，掌握监督学生学业和教师的权力；三是教习、副教习，掌握教学的权力。基于政府主导的高校管理权力配置，洋务运动时期的高校内部对学生的管理非常严格，政府完全掌握着学生招生和就业的分配权力。但是，基于高校投资办学的多元主体，教会和官商也掌握一定的学校管理权力，使得不同高校间的学科设置存在差异。戊戌变法之后，我国高校内部治理结构逐步完善，建立了比较完善的现代学制。办学主体多样化，同时在高校内部治理机构设置、教师和学生管理、学科专业设置及招生就业等方面制度日益完善。

3.1.2 民国时期：学术权力主导的内部治理

民国时期，我国高校内部治理结构得到彻底改革，核心是蔡元培先生对西欧高校治理模式的引入，推行董事会制度和教授治校，坚持“思想自由、兼容并包”的办学原则。首先，蔡元培倡导北京八校组建校董事会，董事会掌握管理学校事务的最高权力，校长则是由教授会公推，之后再由董事会聘任。从权力分配角度看，董事会的权力配置保障了学校的办学自主权，校长的任命也不受政府影响，极大地减少了行政干预，强化了学术权力。但是，由于董事会的权力过大，架空了校长的权力，也没有保障教授的学术权力，因此又开始了教授治校的改革探索。蔡元培在留学德国期间深受其大学制度影响，回国后模仿德国大学制度，实行教授治校、民主管理。德国高校内部治理结构中，教授在学术管理方面具有较大的权力，教授在高校内部治理结构中占主导地位。1912 年蔡元培主持了《大学令》及一系列配套制度的制定，切实保障了教授在学校管理中的主导权力。民国时期我国高校内部治理权力演进的最大特点是弱化行政权力、强化学术权力、保障学生发展权力，基于完善的制度建设和战争的压力，减少了政治权力对学术权力的入侵。

3.1.3 新中国成立后至改革开放初期：政治权力主导的外部驱动

新中国成立之后，确立了马列主义、毛泽东思想作为教育发展的指导思想，各项改革全面学习苏联。1950 年《高等学校暂行规程》规定，实行校长负责制，赋予校长“一长制”的绝对权力，全面负责高校内部各项管理。1961 年颁布《高教六十条》，推行党委领导下的校务委员会负责制，明确加强党对高校内部管理的干预和控制。“文化大革命”时期，高等教育内部管理混乱，高校内部实行党政合一的革命委员会“一元化”领导。“文化大革命”

结束后，高校内部治理结构改革一直处于探索阶段，直到1985年颁布的《中共中央关于教育体制改革的决定》明确提出学校逐步实行校长负责制，有条件的学校要设立由校长支持的、人数不多的、有威信的校务委员会作为审议机构。该段时期，我国高校内部治理结构的主要内容是政府成为高校办学的唯一主体，行政权力处于绝对核心地位，实行计划且统一的学校微观管理体制。高校内部治理结构是一种政治权力主导的外部驱动改革，权力分配中政治权力与行政权力、行政权力与学术权力间存在博弈，即党委的政治权力与校长的行政权力博弈、校长行政权力与教授学术权力博弈，博弈结果是政治权力、行政权力居于强势，教授的学术权力是弱势。

3.1.4 1989年至今：学术与行政权力博弈的多重驱动

党的十四大之后，启动了高校内部治理结构的深化改革。1989年党中央明确提出了高校实行党委领导下的校长负责制，确保我国高等教育事业发展的社会主义性质。1993年颁布的《中国教育改革和发展纲要》中提出，要继续深化教育体制改革，使高校真正成为面向社会依法办学的法人实体，并建立起主动适应经济建设和社会发展需要的自我发展、自我约束的运行机制。1998年颁布的《中华人民共和国高等教育法》中规定，国家举办的高等学校实行中国共产党高等学校基层委员会领导下的校长负责制。从高校内部治理结构的权力分配角度看，高校扩招之后行政权力逐步膨胀，出现了政治权力、行政权力、学术权力的失衡问题，影响了学术权力的地位和作用。为完善高校内部治理结构，重新开启了学校董事会制度的改革实践，旨在改变高校与社会之间封闭的治理结构模式。为保障教授的学术权力，部分高校开启了以去行政化为核心的教授治校模式改革，逐步完善教授治校机构，建立大学章程，以法律法规的完善制约政府的行政干预，规范政府与高校在内部治理中的权力关系，构建多重驱动与共同治理下的民主管理模式。

3.2 高校内部治理结构变革的制度瓶颈

高校内部治理结构的现代化构建是基于高校利益主体多元化及所有权与管理权分离的条件下，采用系统分析理论探索高校各利益相关者的协调关系，实现对权力和利益的制衡。从权力分配的视角看，当前高校内部治理结构的变革阻力主要来自于几对利益相关者的权力失衡，如政府与学校、行政与学术、校长与教授、决策与监督等。

3.2.1 政府权力与高校权力的失衡

西方国家倡导“大学自治”精神的本质是要均衡配置高等教育管理的权力与责任，重点处理好政府与高校的权责关系，落实高校的办学自主权，实现学术自由的目标。在我国高校内部管理实践中，政府机构对于高校内部事务的介入较多，表现为政府权力对于高校权力的干涉。首先，政府是高等教育的举办者和监督者，为保证高等教育正确的办学方向，以利益相关者的身份参与学校内部事务的直接管理。比如，高校的党委书记、校长及副校长均是由学校主管部门的党组织任命，高校经费预算、组织人事及教师的项目申请等都需要经过行政部门的层层审批，由此可见，政治权力在高校内部管理结构中的介入过度。政府权力对于高校权力介入主要集中于7个方面，主要有招生权力、学科设置权力、财务经费权力、教学自主权、科研和社会服务权、国际交流合作权、机构设置与人事管理权。上述7项权力基本涉及高校内部事务的核心内容，政府的全面控制将直接影响着高校办学自主权的落实。

3.2.2 行政权力与学术权力的失衡

布鲁贝克在《高等教育哲学》中提出了确立大学地位的两种途径，即认识论和政治论的高等教育哲学，两者对高深学问的一致关注是高校合法性存在的基础。对高深学问的研究和传播是高校内部管理的核心事务，与为学术服务的行政事务共同构成了高校内部事务的两个支柱。基于两种事务管理的行政权力和学术权力，只是内容、主体和方式的不同，理应是良性互动、协调运行、权力均衡的统一体，然而受高校管理体制的影响，行政权力与学术权力处于失衡状态，表现为行政权力强势、学术权力虚化的现象。一方面，高校内部管理机构是一种科层制组织架构，权力配置过于集中于行政部门，行政化管理色彩较浓，行政权力对于学术事务的干预过多，而校内学术组织往往是行政系统的一个分支，学术权力虚化，难以在实际管理中发挥作用；另一方面，高校内部管理权力的配置中，行政权力与学术权力的权力界限模糊，分工不明确，职责分配不清。学术权力和行政权力的相互越位和干预，不利于高校形成一个民主、高效的高校内部管理运行机制。

3.2.3　校长治校与教授治学的失衡

教授治学是指教授拥有学术领域中课程设置、教学计划、人才聘任等学术权力，参与高校学术事务的管理及学术问题的决策。布鲁贝克指出，就像战争意义太重大，不能完全交给将军们决定一样，高等教育也相当重要，不能完全留给教授们决定。为此，就需要校长治校，即校长拥有管理高校内部各项事务的决策权力和领导权力，优化配置高校的政治、行政和学术资源，承担决策和管理责任。校长治校与教授治学是现代大学制度的核心理念，二者与党委领导共同构成高校内部治理结构的有机整体，但在高校内部治理实践中，却有校长治校与教授治学的权力配置失衡问题。一方面，教授治学代表学术权力，在高校内部治理中容易虚化，同时，随着专业和学科的高度分化，教授的学术视野逐步缩小，教授在宏观学术事务中的决策和管理能力也将受限；另一方面，校长往往把行政权力和学术权力集为一身，对管理事务和学术事务均实施全面的控制，一定程度上削弱了教授治学的积极性。教授治学与校长治校应根据各自特征，明确权力职责，分工合作、相互促进、相互制衡。

3.2.4　决策权力与监督权力的失衡

决策权力和监督权力是高校组织的两项基本权利，在高校内部治理结构的权力分配中，决策权力是以党委、校长及行政机构为主，监督权力由教职工代表大会行使，体现了高校内部治理中民主监督、自主管理的形式公平。然而，基于权力分配的隶属关系，在权力运行实践中教代会无法行使对党委和行政决策权力的监督和制约。高校党委是在高校党代表大会基础上由上级党委任命的，其只对党代会和上级党委负责，并不对教职工代表大会负责。而且根据相关规定，教代会还需要在党委的领导下行使职权，因此，高校内部治理结构中存在着决策权力与监督权力的失衡问题。在学术评价方面，行政权力主导了评价制度、标准及实施过程，高校内部治理结构因缺乏有效的学术民主监督机制，监督权力得不到有效实施。此外，高校内部监督机构及监督制度的不健全，也导致了监督权力的弱化，行政权力、决策权力泛化的权力分配失衡问题。因此，要加大高校内部管理机制改革创新，积极构建自主管理、民主监督、社会参与的现代大学制度。

3.3 高校内部治理结构现代化的变革路径

建立完善的权力制衡机制，是实现高效内部治理结构现代化建设的前提和重要保障。基于利益相关者理论，高校内部治理结构是对多种权力主体的利益协调和权力制衡，治理结构现代化变革路径的基础是尊重高校内部各权力主体的利益诉求及其博弈关系，目标是构建有利于权力制衡、利益协调的现代化治理结构体系。

3.3.1 坚持以法治校，加快推进大学章程建设

权力制衡理论主要有 3 种范式，即权力制约权力理论、权利制约权力理论和社会制约权力理论。加快大学章程建设则是对社会制约权力理论的实践，通过外部制度建设制约权力的运行程序，实现不同权力主体间的权力制衡。大学章程是现代大学设立的制度性根基，是高校内部治理的根本法，通过制定大学章程来协调不同权力主体间的博弈关系，整合各利益主体间的利益诉求，还能有效保障高校办学自主权和学术自由的落实。大学章程应充分发挥在协调政府权力、行政权力、学术权力、民主监督权力等之间的关系的作用，努力实现高校内部治理的科学化和规范化。大学章程在构建高校内部权力制衡机制中，一要规范党委和校长的权力关系，完善党委领导下的校长负责制；二要明确行政权力与学术权力的权力界限，保障教授治学的权力；三要保障决策权力与监督权力的相互制衡，发挥师生的民主监督权力。大学章程是落实依法治校、建设现代大学制度的重要基础，将成为实现高校内部治理结构现代化的重要手段。

3.3.2 均衡权力配置，保障多主体民主管理

权力制约权力的政治学范式是权力制衡理论的重要部分，有效应用于高

校内部治理结构现代化的建设，核心是均衡高校权力配置，建构高校内部多主体间的权力分立与制衡模式。均衡权力配置意在保障高校内部多主体民主参与管理的权利，实现自主管理、民主监督的目标。高校内部治理结构中涉及多个层次的权力系统：一是政府、行政、学术的横向权力系统；二是学校、学院、系所的纵向权力系统；三是教代会、学术会、社区等多种权力利益群体。根据分权制衡理论，需要保障上述各种权力间的相互独立性，同时又能在高校内部相互配合、协调平衡，从而充分发挥各种权力的独特功能和价值。高校内部合理的权力结构应是一种制衡结构，各权力主体都有自己的权力界限，对其他权力主体既不侵犯也不屈服，能有效制约各种权力间的相互渗透与寻租。高校内部治理结构的现代化，需重点落实民主监督与民主参与管理，积极发挥学术委员会、教职工代表大会、工会、学术代表、社会团体等的民主监督和管理权力，发挥其在各自职责范围内的管理价值。

3.3.3　保障教授治学，逐步推动大学去行政化

教授治学是高校内部治理结构现代化的内在要求，是有效协调高校内部行政权力与学术权力关系的重要途径。保障教授治学的权力，对于推动大学去行政化、彰显学术权力地位具有重要意义。当前，高校内部治理实践中的行政化色彩明显，行政权力在校内资源分配、学科建设、教学科研、教师专业发展等方面决策干预过多，不符合高校作为传播高深学问机构的治理结构要求。《国家中长期教育改革和发展规划纲要（2010—2020）》中对建设中国特色的现代大学制度提出明确要求，要充分发挥学术委员会在学科建设、学术评价、学术发展中的重要作用；探索教授治学的有效途径，充分发挥教授在教学、学术研究和学校管理中的作用。高校内部治理结构现代化建设需要以“去行政化”为重要任务，同时处理好“去行政化”与“教授治学”的相互关系，不能顾此失彼。厦门大学潘懋元先生对此做了深刻分析，即“去行政化”不是不要行政管理，而是不要将行政权力凌驾于学术权力之上，或以行政权力代替学术权力，以行政命令干预学术自由。

3.3.4　健全决策模式，推进教育管办评分离

推进高校内部治理结构现代化建设，要坚决执行党委领导下的校长负责

制，依法落实党委、校长职权，处理好党委书记和校长的关系，建立健全议事规则与决策程序。明确党委与校长的决策权力范围，规范党委集体决策程序，拓宽师生民主参与决策的渠道，形成党政分工合理、相互促进、团结协作的决策模式。完善科学决策的保障机制，重点加强决策报告制度、监督评估制度及责任追求制度，构建科学民主的内部决策制度体系。实现高校内部治理结构现代化，还需重点加强高校内部治理能力的现代化，而治理能力的现代化需要加大简政放权的力度，提高民主监督执行力度，完善高等教育评估机制，推动教育发展的管办评分离。推动高校管办评分离，将有效保障高校内部自主办学权力，均衡配置政府权力和行政权力，实现政事分开、简政放权的重要目标。实现管办评分离，需要以落实办学主体多元化为前提，加快推动政府职能转变，加强第三方中介评估机构建设，建立科学、规范的评估制度体系，构建中国特色高校评价模式。

4 我国民办高校治理的演变与发展

民办高校治理依据驱动力量的来源可分为内部治理和外部治理。内部治理由学校内部的力量所驱动，涉及学校的举办者、管理者、教师、学生等内部各利益主体之间的权力配置模式和运作机制；外部治理由学校外部力量所驱动，涉及学校与其外部利益相关者之间的权力配置模式和运作机制，尊崇的是平等、共享、协商等价值理念。回顾我国民办高校治理的演变和革新进程，可为引导民办教育体制改革、构建中国特色的现代大学制度提供有益参考。

4.1 民办高校治理的理论依据

4.1.1 人力资本所有权理论

民办高校人力资本所有者包括教师、管理者、教学辅助人员等。教师和科研人员作为民办高校人力资本的所有者，在现代学校中的作用越来越重要。首先，现代学校的竞争最终归结为人力资源的竞争，离开了教师的辛勤劳动，学校不可能在激烈的竞争中取胜。其次，教师作为一种人力资本，具有一定的专用性，这种专用性将教师与学校紧紧地联结在一起，只有保护好教师工作的积极性，才能使民办高校充满活力。因此，民办高校治理结构应当围绕教师、科研人员、高层管理者等所拥有的特殊人力资本的价值实现来展开。对要求取得回报的民办高校的出资人应适当考虑这些人员的利益，以激励他们的工作热情和积极性。

4.1.2 利益相关者理论

所谓利益相关者理论是 20 世纪 60 年代左右在美国、英国等长期奉行外部控制型公司治理模式的国家中逐步发展起来的。与传统的股东至上的组织理论的主要区别在于，利益相关者理论认为，任何一个组织的发展都离不开各种利益相关者的投入或参与，如股东、债权人、职工、消费者、供应商等，企业等组织不仅要为股东利益服务，同时也要保护其他利益相关者的利益。大学也是一个利益相关者组织，民办高校的利益相关者包括投资者、学校高级管理人员、教职工、学生、家长、政府、社区、公众等。因此，为保护民办高校利益相关人的利益，民办高校应吸收包括投资者在内的广泛的利益相关者参与学校治理。

4.1.3 消费者权益保护理论

民办高校与学生的关系表现为民事合同关系，学生作为消费者有权保护自己的利益，学生家长作为自己孩子的代表人也有权保护自己的利益。教育消费具有终生消费和增值消费的特点，即使是学校毕业生，学校经营的好坏、质量的高低，直接影响所得文凭和学位的质量和声誉，进而影响毕业生的社会声誉。从消费者权益保护的角度看，这些人作为参与民办高校重要的利益相关者，他们（以其代表形式）也有权知道并参与学校的决策过程，实现共同治理。

4.2 民办高校外部治理的演变

民办高等教育资金来源复杂，相关政策关涉面广。治理理论作为公共管理学的一种重要分析视角，强调对分析对象相关政策的多维考量与综合运用，致力于构建一个站位高、跨学科、可持续的政策体系，以促进事务的发展。我国民办高等教育因发展历史、投融资体制、运行机制等多种原因，形成了不同于公办高等教育、颇为复杂的利益关系网，国家在做相关政策设计时“审慎推进、多方联动”的特征十分明显。1982 年的《中华人民共和国宪法》、1985 年的《中共中央关于教育体制改革的决定》、1987 年的《关于社会力量办学的若干暂行规定》与 1993 年的《中国教育改革和发展纲要》都明确表明，鼓励社会各界投身于教育事业。1993 年《民办高等学校设置暂行规定》的颁布则标志着国家对民办高等教育的规范与管理开始进入实质层面。

2002 年《中华人民共和国民办教育促进法》（以下简称《民办教育促进法》）出台，民办教育有了自己的专门法，从此，各项改革的推进有法可循。2007 年的《民办高等学校办学管理若干规定》、2008 年的《独立学院设置与管理办法》、2010 年的《国家中长期教育改革和发展规划纲要（2010—2020 年）》和 2016 年的民办教育领域“1 + 3”文件等分别从不同的政策站位与利益视角为民办高校的科学分类管理做出了全方位的政策设计。

从政策演进轨迹可以看出，国家对民办高等教育的关注是持续的，政策系统性已经初步显现。民办高校发展迅猛，多元主体利益不易平衡。治理理论从某种视角来看就是一种采取自组织的网络化方式，从多个维度调动多元主体力量使其彼此相互作用以实现公共利益最大化的平衡法则。在政治和行政力量尚未固化或不宜实施强势管制的复杂体系中，治理理论能够发挥独特的作用而达到善治。相对于公办高校而言，我国民办高校的历史相对较短，无论是将 1980 年著名农林科学家和教育家乐天宇创办的“九嶷山学院”，还是 1982 年老教育家陆琳创办的“中华社会大学”（现更名为“北京经贸职业学院”）二者中的哪一所确认为改革开放以来的民办高等教育第一校，其相对正规的发展史都不超过 40 年。截至 2016 年，全国共有普通高校 2596 所，其中民办高校 742 所（该数量始终处于变化之中），民办本科高校 424 所（含独立学院 266 所）。全国普通高校在校生有 2695.84 万人，其中民办高校在校生 634.06 万人。普通高校教职工有 240.48 万人，其中民办高校教职工 43.14 万人，专任教师 31.15 万人。由此可知，无论是从学校数量、在校生规模还是教职工人数来看，民办高校都在我国高等院校中占据着相当大的体量。然而，因为民办学校的办学性质、产权结构、投资方财产属性、运营方权力配置、教师编制待遇、学生权益落实、学校归口管理、土地政策、税收政策等一系列问题错综复杂，民办高校在一路高歌猛进的号角声中同时还存在着巨大的隐患，无论哪个环节出现问题都会引发巨大的社会矛盾。

在我国政治、经济体制改革越来越科学化、民主化的今天，这些问题的解决是无法像公办高校那样依靠简单的行政指令即可收到实效的。民办高校利用非财政资金提供的高等教育服务属于公共产品，其公共价值属性显著。著名政治学家俞可平认为，治理同时涉及公、私两类部门，并不是一种正式的制度安排，其运行机制有赖于两者持续的相互作用。治理理论试图在公共部门与私营机构之间寻求一种能够最大限度满足相互需要的“行为逻辑”，从而实现公众利益的最大化，同时破解以往行政中“一管就死，一放就乱”的难题。

从提供的产品性质来看，民办高等教育的本质具有公益属性，现已成为我国教育事业的重要组成部分，在缓解国家财政压力、促进经济发展、推动高等教育大众化、变革高等教育思维等方面发挥着积极的作用。以《教育部 国家统计局 财政部关于2015年全国教育经费执行情况统计公告》为蓝本进行计算，2015年全国普通高校生均公共财政预算教育事业费支出为18 143.57元，普通高校生均公共财政预算公用经费支出为8280.08元，仅此一项，2015年民办高校为国家承担的公共财政教育支出至少达528.473亿元。2016年，民办高校在校学生数量占全国高校总在校生数量的23.5%，民办高校约承担了高等教育大众化1/4的任务。民办高等教育推动着高等教育大众化向高等教育普及化迈进，为国民素质的不断提升做出了重要贡献。对于教育本身来讲，民办高等教育发展的最积极作用体现在“教育思维变革”上。民办高校在多元主体办学、多渠道融资、特色办学、人才流动、决策高效等方面的经验为变革教育思维、推动教育改革起到了积极的推动作用，同时也能够为公共行政部门深化教育管理工作的开展提供诸多新的模式参考。但在我国民办高等教育迅速发展壮大的同时，阻碍其进一步发展的新困境也愈加凸显出来。

4.3 民办高校内部治理的演变

改革开放以来，我国民办高校从无到有、从小到大、从弱到强，其内部治理在国家政策法规的引导下，经过多年的实践探索，呈现出以下特征。

4.3.1 从多样化到统一

拾遗补阙是我国民办高等教育复苏之初的生存样态，主要举办非学历类教育，如成人补习、自考助学等，然后才逐步形成、具备学历教育资质。我国政府对民办高校内部治理的规范明显滞后于其发展进程，直到1997年国务院颁布了《社会力量办学条例》，才首次提出社会力量办学机构“可以设立校董会”，且未做强制性的要求。民办教育自身的演变过程使其内部治理形式呈现出多样化态势。教育部在2000年对159所民办高等教育机构的调查中发现，约67%的民办高等教育机构实行董事会领导下的校长负责制，28%实行校长负责制。而校长负责制又不尽相同，有校务委员会领导下的校长负责制、教职工代表大会基础上的校长负责制、主办企业领导下的校长负责制等。这些治理结构形式与名称各异，治理主体的职责和权力范围各不相同。

这种状况一直延续到2002年，直到《民办教育促进法》及其实施条例颁布之后，民办高校才逐渐朝着建立董（理）事会领导下的校（院）长负责制方向发展。2016年，《民办教育促进法》进行了修订，明确了实行民办学校非营利性、营利性分类管理的办法，民办高校法人治理结构统一到实行董（理）事会领导下的校（院）长负责制。

4.3.2 从“任性”到理性

在发展初期，民办教育在夹缝中求生存。为获取更多的资源，一些民办高校利用国家法规政策对学校内部治理的规定尚不健全、相应规范制度缺乏的漏洞，在功利性的驱使下，忽视了内部治理的建设，“任性”办学。少数投资者单纯追求营利而忽视教育质量，违背了教育的公益性原则，造成了社会负面影响。国务院办公厅2006年发布的《关于加强民办高校规范管理引导民办高等教育健康发展的通知》指出“有些地方的民办高校相继发生因学籍、学历、收费等问题而导致的学生群体性事件……这些事件的发生，既是民办高校发展进程中出现的问题，也是民办高校深层次矛盾长期积累的结果。集中反映了一些民办高校办学指导思想不端正，内部管理体制不健全，法人财产权不落实，办学行为不规范，也反映了一些地方政府对民办高校疏于管理、监管不到位”。

日益激烈的市场竞争也使得民办高校暴露出其内部治理的短板，一批办学方向不明确、内部治理混乱的学校被淘汰。2007年的一项调查显示，北京市20世纪80年代末至90年代初创办的15所民办高校只剩下3所，四川省成都市的民办学校由40多所减少到1所。生存下来的民办高校充分认识到内部治理的重要性，积极按照法规制度的引导和要求，加强内部治理机制建设，更加注重理性办学。

4.3.3 从粗放到精细

初创时期，民办高校办学层次较低、办学条件较差、办学规模较小，使自身的组织形态、管理模式等带有一定的自发性，多采用家族化、亲情化或友情化明显的小企业管理模式。“夫妻店、父子兵、兄弟连、朋友帮”往往能够形成非常有效的工作团队，既能提高效率、节省成本，又便于统一思想，保证内部的团结一致，容易控制办学风险。在20世纪90年代初期，即民办教育大扩张、大发展的时期，民办高校大都将发展重点放在规模扩张上，学校领导主要忙于应付规模扩张所带来的基本建设和资源配备压力，无暇顾及内部治理机制建设，仍沿用成立之初的家族化、企业式或简单模仿公办学校的粗放式管理方式。

随着民办教育规模扩张发展黄金期的消逝，以内部治理为核心的内涵式建设成为民办高校的建设重点，更加注重建立健全学校的各类制度，充分利用其体制机制优势，走精细化管理之路。

4.3.4 从管理到治理

2013年，党的十八届三中全会指出，全面深化改革的总目标是完善和发展中国特色社会主义制度，推进国家治理体系和治理能力现代化。这表明治理理念已上升到了国家高度，教育治理的现代化是其重要组成部分，提升民办教育的治理水平也是应有之义。

随着教育综合改革的全面推进，民办高校内部管理也逐渐由注重管理走向强调治理。相比较而言，治理的目标是实现学校内部利益相关者权责利的平衡，治理的主体是利益相关者，沟通方式是自上而下和自下而上的双向关系。当然，强调民办高校治理并非弱化管理，治理与管理是一种互补关系，两者缺一不可。从时间边界看，民办高校管理产生的时间早于治理，治理是民办高校发展到一定阶段的产物；从制度边界看，民办高校治理的基本前提是学校利益主体的多元化及所有权与管理权的分离；从规模边界看，当民办高校规模较小时，管理职能占主导地位，随着学校规模的逐步扩大，治理职能就显得越来越重要。

4.4　民办高校治理的困境

《论语·子路》里讲："名不正，则言不顺；言不顺，则事不成。"从我国民办教育的发展历程，尤其是当前民办高等教育分类改革推进的现实困难中不难看出，民办高校的法人属性不清属于根源性问题，其直接导致了民办高校内外两个治理维度中多元主体间权责、利益配置与调节的无力和混乱。一个"根基不牢"与内外两个维度"治理失效"严重影响着我国民办高校的稳健发展。

4.4.1　法人属性关联性问题繁杂

治理理论认为，管理不是一套规则条例，也不是一种阶段性活动，而是一个持续动态的过程。从确立的全过程来看，我国民办高校法人属性虽然随着时间的推移也在渐成体系，但在政策操作逻辑上仍显得机械、零散，无法发挥治理的效力。

在近40年时间里，我国民办高校的法人属性问题先后经历了3个阶段。第一阶段（1978—1998年）：民办高校法人属性处于避而不谈阶段，大家只强调教育体制有所突破、多种形式办教育，对相关问题则先模糊化处理，这导致了学校发展没方向、政府治理无规则的局面。第二阶段（1998—2016年）：《民办非企业单位登记管理暂行条例》规定，民办高校在民政部注册登记为"民办非企业单位"，属于非营利性组织，按规定在准予登记后"根据其依法承担民事责任的不同方式，分别发给《民办非企业单位（法人）登记证书》《民办非企业单位（合伙）登记证书》《民办非企业单位（个体）登记证书》"。然而，将民办高校全部纳入非营利性组织不符合实际，且其具体法人属性很难界定，我国1986年版及2009年修订版《中华人民共和国民法通则》规定的法人只有企业法人、机关法人、事业单位法人和社会团体法人4种，民办高校法人性质确定问题无所适从。第三阶段（2016年至今）：2016年民政部印发的《关于〈民办非企业单位登记管理暂行条例（修订草案征求意见稿）〉公开征求意见的通知》提出："为了更准确地反映社会服务机构的定位和属性、与《中华人民共和国慈善法》的表述相衔接，此次修订将'民办非企业单位’名称改为‘社会服务机构’”。2017 年 3 月 15 日公布的《中华人民共和国民法总则》（以下简称《民法总则》）新增以下概念：营利法人（确定为有限责任公司、股份有限公司和其他企业法人等）、非营利法人（确定为事业单位、社会团体、基金会、社会服务机构等）、特别法人（确定为机关法人、农村集体经济组织法人、城镇农村的合作经济组织法人、基层群众性自治组织法人）、非法人组织（确定为个人独资企业、合伙企业、不具有法人资格的专业服务机构等）。

治理理论强调治理方式的过程化、动态化，但现阶段民办教育的改革在进程设置上仍欠缺连续性。《民法总则》颁布后，民办高校分类登记有了明确的归口，然而民办高校法人属性的确定及后续的有效治理依然面临诸多可以预见的问题。一是民办高校的分类登记不设过渡期，其法人性质在一定时间内根本确定不下来，在这期间，很多民办高校的投资方都会有相应的举措，做利己之好。二是随着分类登记工作的推进，民办高校法人属性越轨问题一定会出现，因为民办高校的法人属性是举办方在国家进行民办高校规范管理的形势下“形式上主动、实际上被迫”做出的选择，而不是由外部评估认定的，故以非营利法人之名行营利法人之实势必会成为其法人属性落实过程中的最大问题。

4.4.2 外部治理主体权力收放失度

治理理论强调善治，善治的目的在于最大限度地提高公共利益。善治实质上是一种“治理技术”，对于政府主体来说体现为权责分配过程中对“度”的把握。然而，因为长期以来民办高校法人属性、产权性质等根本问题没有得到有效解决，现实中我国政府对民办高校的权力把控与责任担当处理得并不得当。在治理中，市场赋予每一个个体捍卫自身利益的机会，但其正常运行离不开外部条件的保障；政府可充当凝聚个体利益的公共利益的捍卫者，但并不具备最大化公共利益的充分能力。为了保证治理责任的落实，应建立责任分担机制。

办学历史短、整体层次不高（研究生培养单位较少）一直是民办高校的短板。政府在“关照”教育时，民办高校一直没有被纳入治理主体考虑层面，而只是被当作公办院校的补充，民办高校参与自身事务共同治理的机会少之又少。另外，一些管理部门尤其是地方教育管理部门常常忽略民办高校的公益属性，认为民办高校是一种披着华丽外衣的“投机企业”，所以在政治认同与责任担当上对民办高校疏于照看。民办教育是从属于教育的，具有社会公益属性，政府对民办高校给予政策倾斜与资金扶持责无旁贷。然而，现实情况却是民办高校长期处于漂泊状态，其生存、成长全凭“自然法则”。政府作为外部治理的强势主体，一方面责任担当不到位；另一方面却又管理过严不放权，对民办高校没有实施有效治理。尤其是地方政府的管制思维尚未让渡到治理思维上来，其对民办高等教育的管理普遍存在照搬公办院校管理经验、执行公办院校考核标准的问题，一些不适宜的管理方式与管理目标造成了权力的越位与错位。

治理理论下的政府将摆脱唯一管理主体的定位，转为平等多元的公共管理主体之一。民办高校不同于公办院校，其在投融资体制、管理体制、运行机制等诸多方面都有自己显著的特征。在对其进行外部治理上，构建多主体格局，形成合力，统筹推进显得尤为重要。40 年来，国家出台的各种民办教育法规、政策中约 1/3 的文件署名为国字号，80% 以上的文件为各部委联合发文。2017 年 7 月 7 日出台的《中央有关部门贯彻实施〈国务院关于鼓励社会力量兴办教育促进民办教育健康发展的若干意见〉任务分工方案》由 14 个部门联合印发，这 14 个部门是教育部、国家发展改革委、财政部、人力资源社会保障部、国土资源部、住房城乡建设部、民政部、公安部、工商总局、税务总局、人民银行、中央编办、证监会、银监会等，涉及国务院 25 个组织机构中的 10 个，由此可见民办高等教育的复杂性。在推进民办高等教育发展的实际过程中，尤其在地方政府这一层面，统筹协调效果不尽如人意，往往是教育管理部门“一头热”，其他政府机构“作壁上观”，国家政策落实乏力，地方改革政策要有所突破难上加难。

4.4.3 内部治理机制尚未完善

治理理论相比于传统管理理论的重要观点就是强调权力的多元主体与权力架构的多中心，以开放的边界协同多方力量，完成共同的价值目标。然而我国民办高校目前的内部管理模式仍然停留在原始的单一权力向度之中。

在法理层面没有很好地解决民办高校的属性问题，外部治理上政府又没有形成清晰的逻辑，这导致民办高校内部治理普遍存在“酋长风气盛行”“治理机制混沌未开”等问题，具体表现为个人权威至上，人、事界限混淆，办学动力不足等。《民办教育促进法》规定，民办高校实行的是董事会领导下的校长负责制。但是现实中，在民办高校管理架构上，投资人中的大股东（一般为董事长或理事长）可谓一言九鼎，绝对站在金字塔的顶尖上，学校的董事会往往变成“家事会”“一言堂”，几个摆设性质的董事完全是服务于“董事会架构”的，根本没有履行或无法履行董事会的各项职权，董事会章程成一纸空文，董事会职能完全虚化。例如，在对吉林省 12 所民办本科高校的全口径调研中发现，董事会成员架构普遍存在权责混乱问题，其中 6 所高校校长没有进入董事会，4 所高校党委书记没有进入董事会，1 所高校有 6 位副校长和 1 位党委副书记进入了董事会，而其党委书记和校长却没有进入。这种连最熟知高校教育教学运转情况的智力首脑——校长都没有进入决策层的现象反映出的是一种巨大的制度漏洞。民办高校具有类公司属性，公司作为一种组织，其效率的主要问题集中在监事会与公司管理委员会之间的关系及监事会在公司治理体系中的运作方式上。然而，在当前我国民办高校权力组织架构中，内部监督机构（如监事会）基本难以发挥作用，要么有所设置但附属在董事会之下，要么根本就没有设置相应机构，由此可见，这些学校的权力运行面临着严重的合法性危机。

治理理论强调治理主体地位与治理权力的制约与平衡，然而我国民办高校内部尚未形成科学的权力配置结构，其组织架构一般都是参照公办院校进行设置的。或因办学经验有限，或出于低投入、高产出的考虑，或由于特殊的内部管理文化及“行政长官”个人风格等原因，现实中民办高校人、事匹配并不科学，机构权责不清，有难度的、责任大的业务往往陷于被动推诿之中，这些是民办高校决策效率高、质量低的根本原因。

4.5 民办高校治理的基本形式

组织获得资源的方式与内部权力配置存在着很高的关联度，按筹集办学资金的方式与性质，民办高校可以区分为捐资办学型、滚动发展型、企业（个人）出资办学型和混合所有制办学型。不同的募集资金方式直接导致了民办高校内部治理模式的差异。有学者曾从控制权角度将民办高校治理结构分为人力资本控制模式、股东控制模式、共同治理模式等 3 种类型；也有学者根据出资者控制权与教职工控制权强弱的高低，将民办高校的内部治理结构划分为松散型治理、人力资本单边治理、出资者单边治理、关键利益相关者共同治理等4种类型。

明茨伯格认为，一个组织由5个部分构成：战略层、操作层、中间带层、技术层和保障（支持）层，并由此提出了5种标准的组织结构。借鉴明茨伯格的理论，笔者将民办高校内部治理涉及的各个层面的权力分为举办权、决策权、执行权、参与权、监督权。其中，举办权又可以衍生出举办者的法定财产类权利，包括税收减免权、学校终止办学时的补偿和奖励权等；营利性民办高校还有财产收益权；非财产类权利包括成员权、选举权、表决权、知情权和监督权等。民办高校师生具有双重治理身份，既是治理的主体，又是治理的目标群体，具有主体的民主参与权和监督权。民办高校内部治理的实质是利益相关主体遵循内部发展逻辑，在契合外部环境的互动博弈中实现权力的平衡，是一个动态、发展的概念。根据民办高校举办权、决策权、执行权、参与权、监督权等5种权力在不同组织中的分配比例、位序、生成和演进过程，结合民办高校的办学实践，民办高校内部治理的模式可分为5种。

4.5.1 松散结合治理模式

松散结合治理模式一般见于20世纪80年代的民办高校初创时期。这一时期的一些民办高校大多是由资深教育工作者创办，办学规模小，仅有几名教师，租借几间教室，教学内容主要是针对高考落榜生、城市待业青年的高考复习、业余课程进修等。这种治理模式下，学校的举办者和办学者自发结合，各种权力较弱，处于不稳定、无序的状态，并且内部层次简单，管理松散。随着学校规模的不断扩大，其内部治理必将迅速转向有序治理。

4.5.2 专家单边治理模式

专家单边治理模式缘于一批来自公办学校的退休教师和管理人员参与办学。这些创办人身兼数职，既担任董事长又兼任校长，同时又从事教学工作。此种治理模式中，创办人或团队拥有绝对的权力，形成了以专家为核心的治理结构，具备了专家治校或教授治校的雏形；学校举办权、决策权、执行权三权合一，决策效率高。这种治理模式下，学校内部权力高度集中，其他主体的参与权和监督权相对弱化，学校决策层与执行层比较模糊。学校战略多反映了执行层对学校发展的愿景，甚至是举办者个人观念的直接外推或者个性的外延，战略决策过程高度直觉化。这种治理模式难以保证学校发展的稳定性和可持续性，急需转为更加符合发展需要的治理模式。

4.5.3 出资者单边治理模式

出资者单边治理模式产生于民办教育的扩张发展时期。企业家纷纷加入社会力量办学行列后，在学校治理结构上一般沿用企业的股东控制模式——由股东组建和控制董事会，实行董事会领导下的校长负责制。企业或企业家投资办学，有利于缓解民办高校的资金短缺困境，能够保障学校的优越办学条件、较好的教职工待遇。这种治理模式下，学校相当大一部分权力掌握在举办者手中，权力结构高度集群化，等级和权力链明显，强调行动规划，管理效率较高。校长及其管理团队权力被弱化，专家教授及教职工在学校重大战略决策上的参与权、话语权较弱。由于学校内部缺乏有效的制衡机制，并且受教育产业化思潮的影响，学校的内部治理与发展可能会出现公司化倾向，导致教育公益性与民间资本寻利性之间的矛盾冲突，甚至有一些举办者因过度追求办学经济效益而背离教育规律。

4.5.4 双层（多边）治理模式

双层（多边）治理模式是随着民办高校（主要是独立学院）法人治理结构的逐步完善而形成的。在独立学院办学形态下，学校的申办者是公办普通本科高校，即所谓的母体学校；合作者多为企业、事业单位、社会团体或个人，也可以是其他有合作能力的机构。申请者负责学校教学和管理，保证办学质量；合作者负责提供办学所需的各项条件和设施，并参与学校的管理和监督。董事会由母体学校代表和投资者（企业或个人）组成，其构成反映了利益和权力关系，一般是投资者控制董事会并担任董事长，公办高校决定校长人选并负责学校的运行。这种治理模式下，举办权、决策权、执行权、监督权相对分立，实现了部分权力之间的制衡，有利于不同利益主体之间的相互监督和制约，有别于专家单边治理模式和出资者单边治理模式。随着国有资本、集体资本、民营资本、个体资本等投资主体参与合作办学数量的逐渐增多，采用双层（多边）治理模式的民办高校也逐渐增多。较之于利益相关者共同治理模式，此种模式下利益制衡机制有限，利益相关者的参与度仍较低。

4.5.5　利益相关者共同治理模式

利益相关者共同治理模式是在民办高校向内涵式发展的转型及相关法规制度趋于明朗、师生群体维权意识不断增强，传统强化控制的治理方式受到利益相关者抵制的背景下产生和发展起来的。利益相关者共同治理模式是指民办高校出资者、行政管理人员、教师、学生、校友、政府等利益相关者共同拥有学校控制权，通过董事会等决策机构共同参与决策，并与其他利益相关者进行有效协调。这种治理模式下，民办高校重视教师、学生等群体在学校内部治理中的主体意识和能动性，凸显了师生在学校重大决策、民主管理和监督等方面的主体地位与作用，把控制权分散到整个组织以使所有利益相关者能够影响决策、对战略和方向提出建议，并参与到改善组织相关绩效的过程之中。无论是非营利性民办高校还是营利性民办高校，随着学校利益相关者各方之间围绕控制权博弈行为的加剧，其内部治理结构都必然会走向利益相关者共同治理的模式。

需要说明的是，以上几种模式对一些事实做了理性简化，以便更好地理解其类型化特征，而不是说每个组织都应该完全且唯一地与某一种模式吻合。实际上，所有的模式都是一种“科学抽象”的类型化解释。

4.6　民办高校内部治理存在的主要问题

相对于新时代民办教育改革发展的新形势、新要求，民办高校现行治理形式与规范治理结构之间还存在着一定的差距。

4.6.1　董事会组建及运行随意化

民办高校董事会法律政策规定的笼统性给实际操作留下了较大的自由空间，一些民办高校现行董事会治理形式与规范董事会形式和内涵之间出现了偏差。如对职数及人员比例虽有明确规定，但还是缺少师生代表及外界人士的参与；举办者、董事会、校长行使权力的边界仍不清晰，权力交叉、权力越位的现象时有发生；以董事会为主的权力决策运行机制也不规范，对制度的随意性执行或选择性执行无法衡量、规制。

4.6.2 基层党组织边缘化

相比于公办学校实行的党委领导下的校长负责制，多数民办高校实行的领导体制是董事会领导下的校长负责制。此种情况下，如何发挥好党委在学校发展中的政治核心作用就成为民办高校党建工作的重要课题。民办高校党建工作仍然面临一些新问题、新挑战，如有的民办高校存在着党组织覆盖率比较低、隶属关系不顺畅等问题。由于干部能力、场地保障、经费投入等因素的制约，一些民办高校党组织存在着党组织生活不正常、党建工作作用不明显、党组织保证监督作用发挥不到位等问题。

4.6.3 学术权力异化

一直以来，我国高校的整体概念和形象往往被视为事业单位，在内部管理上主要沿袭行政管理体制，隶属关系清晰，建构了金字塔式的组织结构。在行政权力泛化及民办高校内部仍存在着举办者控制的情况下，学术权力式微趋势加剧。一些民办高校虽然内部也根据需要建立起了学术委员会、教学工作指导委员会等学术组织，但其实质上很有可能变为咨询机构；或者由于学术组织主要成员仍担任行政职务，实质上学术事务仍由行政权力来左右。

4.6.4 内部监督虚化

有些民办高校监事会制度尚不健全，有些学校或尚未成立监事会，或成立了监事会，但是作为非常设机构，其职责仍不明确，教师、学生的监督力更是薄弱。教师的主要精力放在教学与研究上，受到学校评价考核机制的制约，对学校内部治理的直接监督力较弱。学生对民办高校的监督主要是通过“用脚投票”（不就读该校或退学）的方式进行的。这种监督方式主要是监督民办高校的教育教学质量，而对其财产、治理结构的内部运转模式往往知之甚少。由于信息不充分或不对称，事实上教师和学生对学校的监督作用是很有限的。

4.6.5 利益相关者的参与度弱化

有学者认为，依据利益相关者与学校的密切程度，可将学校的利益相关者分为4层：第一层是核心利益相关者，包括教师、学生、管理人员；第二层是重要利益相关者，包括财政拨款者、管理部门和校友；第三层是间接利益相关者，指与学校有契约关系的当事人，包括科研经费提供者、产学研合作者和贷款提供者等；第四层是边缘利益相关者，包括用人单位、当地社区和社会的公众等。现阶段，由于民办高校教师的人事关系或是人才市场代理，或是按照企业待遇对待，一定程度上催生了高校教师的“打工者”雇佣思想，对学校事务的参与度不高。因大多数民办高校办学历史不长，一般缺少有影响力、有组织的校友参与。此外，社会对民办高校或多或少还存在着认识上的偏见，更遑论积极参与民办学校的管理。

4.7 民办高校内部治理优化的未来路向

伴随着新一轮教育体制机制改革的深化和教育国际化、网络与信息技术的快速发展，优化民办高校内部治理，构建办学自主、决策科学、权力制衡、方式先进、多方参与的内部治理体系应是未来发展的趋势。

4.7.1 加强法人治理政策的体系化建设

治理理论强调治理方式的过程性与体系化。过程性属于治理的纵向视角，其重点在于政策的动态与连贯，强调政策要及时跟进，防止政策的断层。体系化属于治理的横向视角，其重点在于政策的网络编织，强调政策覆盖的全面性，防止政策出现碎片与真空。

“民办高校法人治理”是解决民办高校系列问题的主线，也是制定民办高校系列治理政策的突破点。《民法总则》已经为民办高校的法人性质分类设定了明确的接口——营利法人、非营利法人，然而民办高校法人关联性内容的建设才刚刚起步。《民法总则》对各种营利法人的重要问题做出了一般性规定，这有益于裁判标准的统一，更为非公司类营利法人的特别立法提供了空间。但是《民法总则》在非营利法人条款下将为公益目的以捐助财产设立的基金会、社会服务机构规定为捐助法人（即财团法人），这与我国目前以出资办学为主体的民办高校实际状况严重不符。为此，法人治理政策的制定一定要注重前瞻性与针对性。为更好地对民办高校进行管理，从源头上把握方向，我们应该明确一个过渡期，在过渡期结束后以“申请+考核”的形式确定其法人性质。我国民办高校办学类型具有多样性，包含转制学校、社会办学、股份制学校、私人办学、合作办学等多种类型，故政策制定要充分调研、征求意见，防止挂一漏万。民办高校的资产来源包括政府（含高校）资助、企业投资、个人出资、社会捐赠等多种形式。在我国尚缺乏明确的产权界定的原则和标准的背景下，如何合理界定不同产权主体的产权归属变得异常复杂，这也使得民办学校独立的法人财产权制度难以真正建立。

不同于美国的私立高校，法人权力实体——董事会则有较多社会力量的介入并受其影响，我国民办高校的法人代表很大一部分都是单一的企业（投资方）代表，其经济属性比较强。所以，当前政府要加强治理政策的体系化建设，在明确民办高校法人属性的基础上确立不同财产权的界定原则，明确不同性质资产的所有权，完善民办高校资产管理制度，合理划定“投资利润”“合理回报”“按劳取酬”的标准，以更好地推动后续改革工作的开展。在规范治理方面，政府应该完善、细化民办高校的土地使用、财税征收、财会审计等方面的关键制度（尤其是各项标准的核定），给民办高校一个摸得着的算盘和可以观瞻的前景，以利于其发展和建设。

4.7.2 应用综合治理手段实现治理目标

进行公共管理的改革，需要融合制度、方法、模式、思维等方面的创新举措。治理理论的目标指向是实现公共利益最大化，治理方式强调弱化管制、提升服务，用综合手段、多种方式强化治理效果。政府与大学之间的关系是长期以来困扰高校发展的重要问题。如何处理好二者之间的关系，寻找二者之间权力的平衡，实现政府对大学的综合治理与大学自治的需要，是大学自产生以来人们就致力解决的关键问题。综合治理不应只是从治理主体与客体角度去考虑，更应该在治理方式上多做文章。不断创新治理方法与治理技术，以便更好地对公共事务或者活动进行控制与引导。这充分表明治理理论在制度上具有更高的灵活性。

对民办高校的治理要做到规范与扶持并重。“社会力量投入教育，只要是不属于法律法规禁止进入及不损害第三方利益、社会公共利益、国家安全的领域，政府不得限制。”国家发展民办教育的决心十分坚定，所以对于民办高校开展人才培养活动，拿国家的“人才认证（毕业证与学位证）”，政府作为治理环境的营造者与最强势的治理主体，做好加减法，把扶持政策与规范政策落到实处责无旁贷。“钱”是民办高校的源头活水，政府应采取多种形式加大财政支持力度，若短期内无法将财政支持民办高等教育发展的资金纳入预算，则可以根据改革方向与实践项目采取设立民办教育发展专项资金（如专职教师的补充养老金、贫困学生的学费减免、励志学生的奖学金等）、加大政府购买服务的力度或分类减免税费、差别化使用土地等措施扶持民办高校轻装上阵。对办学资金充裕的民办高校，政府应做好人才培养经费预算，先行征收“风险保证金”或建立院校托管机制等，在风险可控的情况下，适当放开民办高校的招生与收费权限，让民办高校在达到高等教育人才培养标准的基础上，走社会化、市场化的道路，激发其办学活力。

现代社会治理是一个多元主体协作共治的过程，面对庞大的社会治理工程，仅仅依赖政府的力量是无法实现的。协同治理机制的出现和发展是现阶段政府管理职能转变的重要体现，其出现意味着政府施政思想的转变，将国家治理的主体由单纯的政府转变为政府与社会组织和民间组织的综合体。在加强民办高校规范治理方面，除了教育主管部门外其他政府部门也要参与进来，我们还可以将第三方组织引入治理权力主体中来进行联合治理，从民办高校的董事会重组、财务审计、信息公开 3 个维度着手进行改革。如进一步规范民办学校会计核算工作，建立常规与专项相结合的审计制度；建立民办学校信息强制公开制度（主要集中在财务与人事两个方面）；配合管、办、评分离的改革形势，建立违规失信惩戒机制，将违规办学的学校及其举办者和负责人纳入“黑名单”，规范学校办学行为；形成民办高校常规性退出机制，对于办学行为越轨、人才培养质量不达标的院校，经检查、评估、认定后，坚决撤销其办学资质，规范民办教育领域秩序。

4.7.3　培育多元的治理权力组织架构

治理理论认为“公共”与“平衡”是弱化传统管理理论中“管制”与

“机械”思维，实现公众利益诉求，谋求治理事务稳健发展的重要原则。在治理之下，任何部分都可能发挥对整体格局具有举足轻重意义的核心作用。”任何一个社会性组织系统的高效运行，都离不开外部环境的营造与内部权力的合理分配，优化治理结构可以有效提高组织绩效。

我国官方之所以称民办高等教育为“民办”而不是“私立”，就是有意避免其在产权上变为一个家族的营利性企业，在运行上成为某个人的权力传输终端。所以民办教育实质是介于公与私之间的一种特殊的社会产物，治理理论正适合于指导其内部权力的规制与运行。治理不同于管理，治理是一个上下互动、持续作用的过程。治理理论强调多元主体，也就是围绕共同的目标，大家一起发力。我国民办高校的内部治理可以参考美国大学的共治经验。“共治”理念是美国各大学设定组织机构的重要原则，各私立大学内部治理结构的基本组织体系包括董事会、大学校长的领导团队及大学的教师共治组织，他们相互依存、相互作用，共同推动大学的发展。

民办高等教育是人实践于人的社会活动，所以对于其内部管理来讲，多主体、多向度确实更有利于其长期、稳健发展。民办高校应完善董事会制度，以董事会成员构成的多样化（可以借鉴美国私立高校董事会治理模式，吸纳举办方、当地政府人员、学校、社会等多方人士组建董事会）来实现集体决策；同时要完善校长选聘机制，落实校长负责制，依法保障校长行使管理权；还要有大格局、大情怀，通过精神引领、物质保障，切实为学校教职员工提供实现价值的空间。民办高校应该突破公办院校的藩篱，将学生引入高校治理体系之内；借鉴欧美大学治理经验，通过结合学生自治和书院个性化指导的书院模式，实现学院（系、学科）与学生事务的分离。书院体系注重学生管理，学院体系专注学术事务。民办高校的制度设计者要充分利用独特的办学体制，强化学校治理的人本性，构建高效、灵活的治理机制，理顺各种关系，办好国家放心、人民满意、学生健康发展、教职员工安心敬业的新型民办高校。

4.7.4 多措并举完善法人治理结构

资源依赖理论认为，组织的行动会受到多种而非一种驱力的作用。权力依赖是其中的重要动力机制，组织成员的内部行为只有参照外部机构的行为才能得到更好的理解，为组织提供资源的机构能够对这些组织发挥巨大的影响力。高校已成为现代社会的轴心机构，有效实施民办高校的内部治理，需要建立起民办高校、政府、市场、社会四位一体的良性互动关系，因此，应科学界定政府与学校的权力边界，健全外部监督机制，合理引入市场机制，切实遵循教育规律，保障民办高校在教育教学管理、人事聘用、收费定价等方面的办学自主权。依法治理，既是我国整体治国的基本方略，也是各行各业努力的重要方向。民办高校要充分发挥党组织的政治核心作用，坚持“围绕中心抓党建，抓好党建促发展”。通过健全完善董事会制度、监事会制度，落实校长负责制，建立科学决策执行监督机制。完善学校章程、落实法人财产权、健全校内外信息公开制度，形成组织机构及制度之间高度契合的运行机制。

高校本质上是学术组织，按照伯顿·克拉克的观点，高等教育系统一般会表现出“松散性”和“结合性”两重特征，是学术组织与行政组织双重属性在组织结构中的反映。民办高校作为学术性组织，理当存在着行政权力和学术权力两种权力。这两种权力各有特点，彼此区别而又相互补充，构成了高校内部权力的二元结构。基于高校事务的本质，应将学术抑或非学术等不同类型的学校事务纳入不同类型治理机构的决策范畴，实现校级层面的董事会、校长、教授权责清晰，院级层面的基层学术组织重心下沉，进而实现校院二级行政与学术二元权力的均衡，强化专家的治学能力。借鉴先进的管理理念和管理手段，推进高校内部治理与监管的整合与协同。推动高校内部治理革新，实施扁平化管理，突出基层教学单位的管理主体地位，构建民办高校富有柔性的高效管理体制；实施战略管理、目标管理、标杆管理、绩效管理，提高内部治理和监管的有效性，使内部治理规范、有序、高效。提高组织系统的能力，包括环境适应能力、产出能力、信息沟通能力和整合能力等，以提高各方的满意度。

伦西斯·利克特认为，单纯依靠奖惩来调动职工积极性的管理方式将被淘汰，只有依靠民主管理，从内部调动职工的积极性，才能充分发挥人力资源的作用。民办高校需要考虑将各利益相关方权力进行分散化的分配以达到制衡，在所有成员之间建立起一种相互支持的关系，让人人感到在需求价值、愿望、目标方面有真正共同的利益。应从不同角度与不同利益相关者进行沟通与协调，提升组织的吸纳包容能力，形成为实现学校教育目标、提高资源使用效率、获得经济效益、扩大社会效益的共治共建共享机制。

5 构建现代大学制度完善独立学院治理结构

现代大学制度的核心是在国家的宏观调控政策指导下，大学面向社会，依法自主办学，实行科学管理。现代大学制度涉及规范和理顺大学与政府、大学与社会的关系，涉及大学内部治理结构的完善和改革。独立学院是近10年来我国高等教育办学体制改革创新的重要成果，其对我国高等教育所带来的积极影响是有目共睹的，也为发展民办高等教育事业、促进高等教育大众化做出了积极贡献。但独立学院依然缺乏历史积淀，如何加强管理体制与制度建设，以制度强管理，以规范促发展、创特色，是一个值得思考和具有现实意义的研究课题。

现代大学制度的构架包括两个层面。宏观层面（学校与外部的关系）：政府宏观管理、市场适度调节、社会广泛参与、学校依法自主办学；微观层面（学校内部）：校长负责、教授治学、民主管理。制度是事物活动的规则，即是通过责任、权力和义务来规范主体行为和调整主体间关系的规则体系。用马克思的话来说，制度是人和人之间交往中的产物。纵观国内外高等教育的发展就是制度性发展。建立现代大学制度已成为当今世界各国推进高等教育发展过程中关注的一个热点问题，也是我国高等教育改革的方向，发展的必然选择。因此，现代大学制度涉及规范和理顺大学与政府、大学与社会的关系，涉及大学内部治理结构的完善和改革。简言之，其要求正确理解和明确大学举办者、管理者和办学者之间的关系和义务，全面把握和落实大学作为法人实体和办学主体所应具有的权力和责任。

一般来说，制度分为基本制度和具体制度。对于大学，其基本制度就是大学章程，即有关大学基本任务和组织构成、行为活动的最基本原则和规矩所形成的一个框架。其具体制度主要包括3个方面：机构设置制度、管理制度和工作制度。其中，机构设置制度是对于组织按照其组织目标而形成的机构结构规则。管理制度纵向来看包括决策制度、计划制度、执行制度、监督制度；横向来看，有领导制度、人事管理制度等。工作制度在管理制度之下，包括人才培养制度、科学研究制度等。作为我国高等教育事业重要的生力军，独立学院要承担时代赋予的重大使命，为我国高等教育事业发展做出更大贡献，朝着一流大学目标前进，就必须顺应世界高等教育发展的潮流和我国高等教育改革的方向，积极迎接挑战，抓住机会，发挥优势，加快现代大学制度的构建。

5.1 构建现代大学制度是完善独立学院治理结构的必然选择

制度建设在学校管理中处于决定性、基础性、全局性的地位，直接关系着学校的成败与浮沉。独立学院作为我国高等教育大众化进程中高等教育改革的产物，具有旺盛的生命力和广阔的发展空间。教育部对独立学院采取了积极发展的方针，创设了政策上扶持的良好的宏观环境，明确表示，高等本科教育未来几年发展的增量部分，主要由独立学院承担。面对机遇与挑战，面对重任与期盼，独立学院要发展得好，主要取决于独立学院的自主、自立、自强、自我激励与自我约束。建立科学有序、规范完善、充满活力的内部管理制度，并为此而不断加强建设当是独立学院的必然选择和必由之路。伴随我国市场经济体系的进一步完善、高等教育体制改革的进一步深化及《国家中长期教育改革和发展规划纲要（2010—2020 年）》的颁布实施，独立学院面临的要求和发展环境已经并且正在发生深刻变化，迫切要求独立学院努力构建现代大学制度，以促进学院的可持续发展。

5.1.1 制度的创立与创新是大学发展的根本

17 世纪享有盛誉的著名捷克教育家夸美纽斯认为，制度是学校一切工作的灵魂。他说："哪里制度稳定，那里便一切稳定；哪里制度动摇，那里便一切动摇；哪里制度松垮，那里便一切松垮和陷入混乱。"

在中世纪大学出现前已经存在具有高等教育性质的机构，但其大多没有被延续和继承下来。相反，诞生于欧洲中世纪的大学却成为人类大学的源头。究其根源就是欧洲中世纪大学在其特殊的社会环境下，确立了大学自治、学术自由、民主管理、学科教学及学位等级等一系列制度，也成为之后大学制度的基础。这也充分表明，大学起始于制度文明。

柏林大学的历史也充分地说明了制度改革的有效性和深远意义。19 世纪洪堡按照学术和教学自由、教学与学术研究相统一这两条原则建立了与当时德国大学模式乃至英法大学模式迥异的柏林大学。正是学术自由制度和教学与科研相统一等一系列制度的创建，使得柏林大学取得了丰硕的办学成果，一跃成为19世纪全世界最优秀的大学之一。柏林大学的成功表明，大学制度需要不断发展，大学的发展取决于制度的创新。

与柏林大学及欧洲古典大学相比，美国大学显然相当年轻。但当今美国是第一高等教育大国，拥有最多的世界一流大学。美国的大学之所以能后来者居上，是因为美国将英国的学院传统及德国着重研究与研究院的观念与美国的现实状况和需要相结合，实现了高等教育思想和理念的创新，进而创造了独具特色的现代美国大学制度——学术性与实用性并举，英才教育与大众教育兼顾，教学、科研和社会服务兼容。这种独具特色的美国大学制度有效地适应了时代的要求，既保持了大学作为学术机构的本质，又充分地适应了社会发展的需要；既有效地阻止了政府对大学事务的直接干预，捍卫了大学的自治权，又使大学同政府和社会的关系协调起来。美国高等教育的迅速发展再次表明了大学制度的创新是大学发展的根本。

透过大学形成与发展的历史不难发现，大学形成于大学制度的建立，发展于大学制度的创新，是制度文明的产物。从某种意义上说，大学的历史就是大学制度的变革史。大学的发展史也充分表明了大学制度对于大学的存在与发展的重要意义。

5.1.2 知识经济时代使大学从社会边缘走入中心

1983年，美国加州大学教授保罗·罗默提出了“新经济增长理论”，认为知识是一个重要的生产要素，其可以提高投资的收益。目前，知识经济作为一种崭新的经济形态正在悄然兴起。在知识经济的模式中，知识、科技先导型企业成为经济活动中最具活力的经济组织形式，代表了未来经济发展的方向。作为传播知识、生产知识和开发知识的大学，也越来越成为社会的中心，与社会方方面面联系更加紧密。在新的发展环境下，社会发展对大学提出了一系列新的要求，迫切需要新的大学制度支撑。与之相适应的是，世界各国，特别是西方发达国家，自20世纪80年代以来，相继进行了一系列改革。德国紧紧围绕“加强联邦政府对高等教育的宏观调控能力和增强大学的自我调适能力”这一核心，加快了大学制度现代化的进程，从而形成了新型的德国大学制度框架。德维尔特在《结构、权力和高等教育政策对院校控制和管理的思考》一文中对其这样描述到："在这种模式中，院校和系的管理加强，而个人的权力削弱；同时中间团体将代替市场的外部控制，成为高等教育和学术团体的外部观众。政府的权力将受到代表高等教育中特殊社会利益的机构和中间团体的限制。高校教师个人的权力将为业已增长的系和院校的决策权力所调节。"英国大学制度是很保守的，但也围绕"如何促进大学组织能更有效而灵活地与外在需求变化相联系"这一主题进行了改革：改革传统经费拨款制度，促进大学之间的竞争；建立中介机构，保证大学行为在竞争上的公平性与实施中的高质量；增强经营管理方式，增强大学主动适应社会的能力等。这些改革使英国现代大学制度更加完善，大学组织更富有活力。美国以广泛的竞争机制为主线，建立了"自治、竞争与对社会需要迅速反应的能力"的大学制度，在一定程度上有效地解决了"大学如何社会化""如何使自治成为一种制度而不仅是理念"两个现代大学制度所必须解决的重大问题。这一制度的成功使美国成为继德国后世界大学发展中的新的中心。

5.1.3 加强内部管理体制建设是独立学院未来发展之必然

自1985年起，我国的高等教育体制改革就拉开了序幕，从形式上大学被赋予了很多符合时代要求和大学自身发展的新内容，并在1998年颁布的《中华人民共和国高等教育法》中规定了大学具有办学自主权和独立的法人地位。但是，大学的独立法人资格并没有在实践中得以充分的体现和运用，大学的变革明显落后于社会的变革。加快现代大学制度的建设，形成适应社会主义市场经济要求和高等教育全面持续发展需要的大学管理体制和运行机制，成为我国高等教育体制改革和发展的最为关键的环节。诚如教育部原部长袁贵仁教授所倡言的："建立现代大学制度，是新时期高等教育改革的方向，发展的必然要求。在21世纪初，我们要自觉地坚持建立现代大学制度的目标，宁肯在其他方面做些让步或牺牲，也要着力促进新体制、新机制的形成。"

独立学院作为我国高等教育大众化进程中高教改革的产物，具有旺盛的生命力和广阔的发展空间。近10年来，独立学院获得了迅速的发展，业已成为我国高等教育事业的一支生力军。独立学院在探索适应我国社会主义市场经济需求的教育体制和运行机制、挖掘和充分利用现有优秀教育资源、培养适应社会急需的应用型人才等方面发挥了积极而重要的作用。但是我们必须清醒地看到，独立学院的发展还面临着许多困难和问题，诸如缺乏明确科学的办学理念、办学定位不明晰、自我发展能力不足、办学水平不高、社会认可度不高、管理机制不规范、产权制度不明确、教育公益性与资本营利性间的矛盾等。这些问题直接制约了独立学院持续健康的发展，迫切需要我们认真地研究解决。要解决这些问题，有 3 个方面值得重视：一是以科学的办学理念指导办学实践，彻底纠正那种办学过于市场化、功利化的倾向；二是完善学校内部运行机制，建立健全学校依法自主办学、自主管理、自我发展、自我约束的机制；三是完善公共治理机制，建立健全科学的宏观管理体制。这些方面集中到一点，那就是——以科学的办学理念引领现代大学制度。这样，才能增强独立学院的建设与发展，增强在高等教育中的竞争力，促进其可持续发展。另外，独立学院发展得好，可以开创出一条符合我国国情的快速便捷而又风险较小的民办高等本科教育节约型发展之路。经过若干年的发展，成熟顶尖的独立学院可向优质独立型民办本科大学迈进，次者维持独立学院现状，不行的则被淘汰出局。面对机遇与挑战，独立学院要发展得好，主要取决于独立学院的自主、自立、自强、自我激励与自我约束。建立科学有序、规范完善、充满活力的内部管理体制，构建好现代大学制度，当是独立学院的必然选择和必由之路。

5.2 独立学院构建现代大学制度的优势

长期以来，我国的高校都是国家举办的，经费由政府财政划拨，管理上实行集权式的管理。独立学院在筹资体制和管理体制上实现了突破，与传统的理念和实践相差甚远，可以说是深度很大的改革。独立学院是一个相对于母体学校更面向市场、自主办学、自负盈亏的高等教育机构。这使得独立学院在构建现代大学制度过程中具有母体学校所没有的某些优势。

5.2.1 法人实体地位明确，举办权、管理权和办学权分离

完善的法人治理结构是高校构建现代大学制度之核心。因为，完善的法人治理结构，能为改变政府过多干预学校和学校管理者权力失控提供制度保障。法人实体地位的取得，是现代大学自主办学的前提，也是建立现代大学

制度的基础。《中华人民共和国高等教育法》第30条规定，高等学校自批准之日起取得法人资格。高等学校的校长为高等学校的法定代表人。大学法人制度意味着大学是拥有独立的权利、责任和利益的法人实体。这种法人实体的独立性内在要求在管理制度上将大学的举办权、管理权和办学权分离开来，使三者分别成为相互独立、相互制衡的主体，各自履行自己的职责。管理者从宏观上代表国家行使对大学的管理权；举办者作为投资委托人监督办学者依法办学，保证大学的健康发展；办学者具体管理事务，从而使大学成为权力和利益上独立的办学主体，这是大学法人制度的要义所在，也是建立现代大学制度的基础。

教育部2008年颁布的第26号令《独立学院设置与管理办法》中明确，独立学院是指实施本科以上学历教育的普通高等学校与国家机构以外的社会组织或者个人合作，利用非国家财政性经费举办的实施本科学历教育的高等学校。由此可见，独立学院是与国家权力主体相分离的独立办学实体，其独立的法人实体和利益主体地位更能得到保证。因此，独立学院拥有更多的办学自主权，具有更加强烈的主体意识。办学自主权和主体意识的确立，使得独立学院能摆脱某些条条框框的约束，不断修正自己的发展目标，直接面向市场自主办学，实行科学管理和有效经营。不仅如此，独立学院的举办权与办学权也是较易分离的。目前，绝大多数独立学院实行的是董事会领导下的院长负责制，这就有效地将董事长与院长的职权分开，董事会负责筹资建设、选聘院长和监督检查等工作职能，而院长则专心地全面负责学院的教学、科研、财务、人事和其他行政管理工作。显然，独立学院较易分离的举办权、管理权、办学权和更强烈的办学主体意识，是独立学院构建现代大学制度的一个重要优势。

5.2.2 法人治理结构更易规范明晰

明晰规范的法人治理结构是现代大学制度的本质特征之一。所谓的大学法人治理结构是指大学作为独立的法人实体，在举办者（出资人）、决策者、管理者和教职工等权益相关人之间建立的有关大学运营与权利配置的一种机制或组织结构，以及通过这种组织结构形成的责权利划分、制衡关系和配套机制（决策、指挥、执行、激励、约束、监督机制等）等规则构成的有机整体。在这种组织结构中，不同机构依据不同的职权，各司其职、各负其责、相互配合与制衡，以保障大学的正常决策和管理秩序。完善的法人治理结构，为改变政府过多干预大学和大学管理者权力失控提供制度上的保障，对于构建现代大学制度和促进大学持续发展具有重要的现实意义。

长期以来，我国的高校都是国家举办的，经费由政府财政划拨，管理上实行集权式的管理。政府既是举办者，又是行政管理者，还是事实上的办学者。这种集权式管理模式，作为一种具有强制力的制度环境，也深刻地反映在高校自身制度之中，那就是：高校的管理成为“行政体系在高等教育系统的延伸”，高校自身管理充满了行政化倾向，学校内部法人治理结构极不完善，也极难完善。独立学院在筹资体制和管理体制上实现了突破，与传统的理念和实践相差甚远，可以说是深度很大的改革。因此，独立学院在明晰法人治理结构方面具有明显的优势。

由于独立学院的举办权、管理权和办学权三者的分离，在完善内部治理结构方面就容易得多，这已被实践所证明。实行董事会领导下的院长负责制的独立学院，并建立决策、执行、监督的运行机制和规则。在这个制度框架中，“独立学院设立理事会或者董事会，作为独立学院的决策机构。理事会或者董事会由参与举办独立学院的普通高等学校代表、社会组织或者个人代表、独立学院院长、教职工代表等人员组成”（《独立学院设置与管理办法》）。董事会负责制定学校发展规划、遴选院长、筹集办学经费等重大问题的决策。行政管理机构则在决策机构确定的原则下，独立地行使职能，实行院长负责制，其工作对决策机构负责，主要职责是负责学校教育教学和行政管理工作。在这一制度框架内，董事会有权决策，但无权直接干预独立学院的具体事务；院长可以对独立学院的教学与行政管理事务进行管理，但不得越权对独立学院的发展做出决策。院长对董事会负责，而董事会对独立学院负责。显然，这种权责明晰的法人治理结构有助于使独立学院建立起自主管理、自我发展的良性运行机制，成为负责任的法人实体，这对于构建现代大学制度、促进独立学院持续发展具有重要意义。

5.2.3 应用型人才的培养，更能适应社会需求和应变

在知识经济条件和市场经济背景下，具有对社会、市场做出迅速反应的能力，也是建立现代大学制度的一项重要诉求。在知识经济条件下，大学已从游离于经济社会之外开始走入社会中心，这也必然要求大学在制度安排上

做出反应，使大学能面对不断变化的社会需求做出及时、灵活的反应。这种反应能力是现代大学创新连续化的源泉与动力。在加强与社会的联系方面，独立学院又具有其明显的优势。

由于政校不分和管理的计划方式，母体学校与社会的联系往往让位于政府与社会的联系，大学不能面对不断变化的社会需求做出迅速的反应。独立学院从诞生起就具有很强的社会适应性，其发展所需要的主要资源，如办学经费、场地、生源、师资等不是来自于政府的给予，而是以市场手段或依托母体学校获得。因此，与母体学校“等、靠、要”不同，独立学院必须学会经营，直接面向市场直接配置教育资源等。为此，独立学院只要建立起适应社会要求的一系列机制，就能使独立学院在适应市场需求和内部管理效益等方面大大领先于母体学校。

5.3 在独立学院构建现代大学制度所面临的挑战

尽管在独立学院构建现代大学制度有着一定的优势，但也必须清醒地意识到其任重而道艰。上述独立学院发展所面临的诸多困难和问题，特别是缺乏明确科学的办学理念、自我发展能力不足、管理机制不规范、教育公益性与资本营利性间的矛盾等，严重制约着独立学院构建现代大学制度的脚步。

5.3.1 更新办学理念的挑战

制度的设计在于理念。大学理念是现代大学制度建设的核心价值取向，现代大学制度是以现代大学理念为基础建立起来的。理念赋予大学制度精神和灵魂。独立学院的根本任务是为当地社会发展、经济建设需要培养素质好、能力强的高级专业人才，要把提高教育质量和追求教育效益放在首要位置。目前有相当一部分独立学院的领导者和管理者，特别是举办者，对高等教育基本理论及国内外高等教育发展等重大问题的理论储备明显不足，尤其在办学指导思想上缺乏科学的理论支撑，办学理念存在着严重的偏差。突出表现在以下两个方面：一是办学过于功利性。独立学院的办学经费主要来自于收取的学费。如何满足学生与家长的需求几乎成为独立学院办学者们首要思考的问题。因此，就产生了奉行功利主义的教育价值观——升学谋职，而常常忽视了学生作为一个整体人的存在意义和价值。这种只注重实用知识和技能的传授而忽视实现人的精神和价值的教育，从本质上只能说是技艺教育而非现代大学教育。因此，如何将单一的升学谋职价值观转变为“人的自由全面发展”的价值观，进而以此构建现代大学教育制度，这对于致力于构建现代大学制度的独立学院是一个严峻挑战。二是办学过于市场化。大多独立学院的举办者是基于“以最小的投入在最短的时间内获得更大的收益”的办学理念来办独立学院的，他们将办学作为营利性行为来运作，以期通过办学达到敛财致富的目的；或将办学当成是一种尝试，完全用企业经营管理思想办学，在增强办学效益的同时，忽视了教育自身规律，片面追求办学经济效益。这种抛弃公益目标而专注于经营目标的办学活动，其结果将最终使独立学院丧失自我，而蜕变成纯商业机构。所以，如何避免办学过于市场化，保障办学的公益性，对于独立学院构建现代大学制度无疑是另一个重大的挑战。

5.3.2 充实办学资源的挑战

充足的办学资源，是大学综合实力的主要标志，也是建立现代大学制度的物质基础。其核心是人力、物力、财力资源。重视和加强办学资源建设，也是独立学院构建现代大学制度的一项重要任务。从人力资源来看，建设一支适应教学工作需要、善于治学育人、结构合理、比较稳定的教师队伍，是办好现代大学的决定性力量，是学校健康、持续发展的关键。但独立学院师资队伍的现状是：普遍存在师资数量明显不足、结构不合理等十分突出问题，主要表现在教师队伍的结构性问题比较严重。一是教师年龄结构不合理：自有专任教师以年轻人为主，大多是刚毕业的本科生或研究生，年富力强的教学和科研骨干教师严重缺乏。二是专兼职教师比例不合理：专任教师中大部分是外聘、临时聘任或返聘的老教师，有的甚至几乎没有自有专任教师，完全依靠母体学校的师资，专任教师中兼职比例过高、流动性太大。三是教师职称结构不合理：除外聘教师外，专任教师中绝大多数是本科生或具有研究生学历的青年教师，多为讲师及以下职称，教学水平参差不齐。这些都无法体现出人力资源层次性、梯次性、持续性的特点，业已成为制约独立学院教育可持续发展的重要因素。从物力与财力资源来看，高等教育是一项耗资巨大的事业，现代化的图书馆、实验室（实验基地）等硬件建设，是现代大学从事教学和科研活动的物质保证。高校提供的教学、图书馆、实验室和其他装备所需的成本是教学过程的必要组成部分，而目前独立学院除了举办者初期投入的建设资金及向学生收取的学费外，其他形式的投入与收入几乎没有。另外，由于独立学院办学靠社会资金投入，决策权与投资所占份额直接联系，公司经营的营利要求不可避免地影响学校运营。有些投资方和母体学校要求按一定比例事先分配学费，这相当于直接的企事业投资行为，从而使独立学院的办学经费更显不足。因此，办学经费不足业已成为制约独立学院可持续发展的瓶颈，亟待解决。

5.3.3 优化专业设置的挑战

专业设置与建设是大学安身立足的基础，也是独立学院适应社会变革、生存和发展的生命线。没有合理的专业设置，独立学院就难以形成特色，难以满足学生的学习要求，更难以培养出高层次的具有广泛适应性和社会竞争力的人才。由于市场经济体制的确立，大学特别是独立学院和民办学院价值的确认越来越偏重于社会的认可。毕业生要接受社会的严格选择，专业设置、招生就业不得不越来越充分考虑社会的需求。独立学院的专业设置是否有特色和能否顺应市场需求迅速调整是其培养的学生能否在人才市场上具有竞争力的关键，也是独立学院得以进一步发展的关键。

独立学院的特点之一就是办学的独立性及灵活性，因此独立学院应根据国家经济发展对人才的需求，不断调整专业结构，以更好地满足市场对人才的需要。然而，就专业设置而言，独立学院专业设置存在着定位不明确、重复率高和布局不合理等问题。从独立学院专业设置现状来看，普遍出现了简单拷贝母体学校的专业设置，不顾自身生源的特点，不顾市场的需求，盲目照搬母体学校的学科专业设置和教学计划。况且，有些母体学校本身的专业设置和教学计划就存在不合理性。这一现状符合我国最初利用优质高等教育资源试办独立学院的初衷。教育部在 2003 年印发的《关于规范并加强普通高校以新的机制和模式试办独立学院管理的若干意见》中明确，“独立学院的申请者（以下简称申请者），应为普通本科高校”，“申请者要充分发挥校本部的智力、人才资源优势，切实加强独立学院的教师队伍和管理队伍建设、建立并不断完善独立学院教学水平的监测、评估体系”。独立学院专业开设依托母体学校，从独立学院发展的初期来看有利于独立学院快速形成品牌效应并得到社会的认可，但长此以往则不利于独立学院的发展。这样不假思索地盲目的专业复制，也不可能使独立学院走上开拓创新的路子，只会导致教育资源的浪费及人才结构的失调，在竞争中不可能获得长足而稳定的发展。因此，在未来发展过程中，如何调整和优化专业设置结构，加强专业内涵建设，形成一批高水平、结构合理的学科课程，已经成为独立学院所面临的又一严峻的挑战。

5.3.4 建设大学文化的挑战

大学文化是大学在长期办学实践的基础上通过历史的积淀、自身的努力和外部环境的影响逐步形成的一种独特的社会文化形态。其是大学精神文化、大学物质文化、大学制度文化和大学环境文化的总和，是人类先进文化的重要组成部分。大学文化除了一般意义上的文化所具有的概念之外，还具有自身的独特性，有着浓厚的学术气息。今天，在经济全球化和高等教育国际化的大背景下，深入研究大学文化，建设新时期具有中国特色、本校特点的大学文化，是摆在高等教育研究人员和大学管理者面前的一项重要课题。

引导创新有特色的大学文化建设，是完善和建立现代大学制度的重要途径，是大学持续、健康、协调发展的重要保证。大学制度的建设必须坚持大学文化的引领，体现理念和精神的指导作用，与大学的办学理念和办学价值导向相统一。

新形势下，大学文化越来越成为大学增强吸引力、扩大影响力、提高自身竞争力的重要手段，同时也导致了我国大学文化建设中的许多倾向性问题，主要表现在功利性倾向、趋同性倾向、封闭性倾向、庸俗化倾向等方面。独立学院创立和建设时间很短，没有深厚的文化积淀。从某种程度上来看，受母体学校的依托和影响，独立学院的大学文化建设比民办大学起点高、起步快，有其独特的优势，但同时也容易被母体学校大学文化建设中存在的问题所桎梏。因此，如何倡导先进的大学文化，建立在文化设施、大学理念、学生创造力培养和学生个性发展等方面具有自身特色的大学文化战略，切实加强大学文化建设，增强大学内部凝聚力，提高对外吸引力，扩大大学影响力，以大学文化建设推进大学竞争力的提高，形成符合现代大学制度要求的大学文化，也是独立学院必须面对的挑战。

迎接挑战是独立学院自身发展的最大特点，也是新时期高等教育面对中国社会现实变革的重大课题。在我国高等教育已经进入大众化阶段的背景下，高等教育面临的主要任务是提高教育质量、建设人力资源强国。这客观上也要求独立学院主动迎接挑战，创新办学机制，提高教育质量、加快建立现代大学制度，走可持续发展之路。

当然，构建现代大学制度并非一蹴而就，而是一个渐进漫长的历程，任重而道远。这不仅需要独立学院自身的努力，更有赖于传统观念的更新、法律政策的完备、政府职能的转变等公共高等教育治理结构的进一步完善。

6 独立学院治理结构存在的问题与优化机制

6.1 独立学院治理的内涵与治理结构分析

独立学院是由普通高校与社会组织或者个人出资（非国家财政性经费）按照新模式合作举办的、按照新机制办学的民办属性的本科院校，享有独立的法人财产权。为便于区分合作举办者，以下申办独立学院的普通高校简称为申办者，出资人、投资方简称为出资者，经营管理者简称为办学者。合作模式与产权结构是构建独立学院治理结构的基础，分析合作模式与产权结构也是研究独立学院治理结构的前提。

独立学院治理的内涵主要表现在以下方面。首先，独立学院的治理主体应由政府、举办高校、独立学院和社会出资者等多元主体构成，共享教育公共事务的权力，权力运行的向度不是过去那种单一的、自上而下的，而是双向或多向互动的。其次，在独立学院治理中，要特别强调多元主体之间的协作，以为社会提供优质高效的高等教育服务为主要目标，多元主体中的各个方面充分履行自己的职责，实现对高等教育公共事务的合作治理。最后，治理的过程要更加强调沟通与协调，在政府、举办高校、独立学院、出资者、教职工、学生等利益主体之间建立起有利于独立学院运行与发展的组织结构及相关的运行机制，通过这些组织结构和运行机制形成责权利划分明晰并相互制衡的一整套制度安排，以保证独立学院办学目标的实现。

与治理的概念一样，治理结构这一概念最早提出也是在企业界，主要是对企业如何实现其赢利目标这一问题的研究。但是高校与企业不同，其兼具公益性和经济性两个基本属性，公益性是其根本属性。民办高校在执行教育的公益性属性的同时，还具有企业的一些特性和本质，《独立学院设置与管理办法》和《民办教育促进法》都规定了独立学院或民办高校“出资人可以从办学结余中取得合理回报”。获得一定的资金回报，有利于民办高校教育活动的继续开展，保证教育的公益性的实现。所以对民办高校的管理和监督与企业是不同的，需要有一系列的科学制度安排来实现其目标和理念，即治理结构，也就是大学的治理。独立学院的产权主体多元化决定其必须解决好所有权与管理权（或经营权）的相互制衡问题，以提高自身的办学效率，实现举办者和利益相关人的合法权益及特定的公益性目标。因此，建设有效的内部治理机制对独立学院的健康发展至关重要。

《独立学院设置与管理办法》规定，独立学院设立董事会，董事会是独立学院的领导机构。这是与公办高校党委领导下的校长负责制完全不同的一种治理机制。董事会是学院的最高决策机构，决定学院的重大事项，学院院长由举办高校推荐，董事会聘任，负责执行董事会决议、领导学校的教学和行政工作等。由于历时还不长，现有的独立学院董事会制度还存在着这样或那样的问题。第一，董事会设置缺乏或虚设。在一些由举办高校作为投资主体的独立学院，从创办起就沿用公办高校的办法来管理和运行独立学院，且较有成效，对建立董事会认识不足，并未建立董事会；或者建立了董事会，仅仅将其作为一个协调机构，不是真正意义上的董事会，形同虚设。第二，董事会权限越位或错位。一些独立学院董事会的组成人员不合理，主要由出资者组成，往往不按教育规律而是用企业管理的办法来管理学校，董事会直接干涉学校的办学和日常工作；有的独立学院的财务控制在举办者法人手中，由于缺乏相关的监督机构和规章制度的保障，董事会任意抽调办学资金，以营利为目的，用于企业发展或投资于其他与办学不相关项目，严重损害了教育的公益性目标。此外，行政系统不完善、民主参与（学术参与）不充分、监督机制不健全等也是独立学院内部治理中存在的问题，这些将会使正常的运行难以为继，影响长远发展。

独立学院的合作模式大致可分为：①“普通高校+民营企业”典型模式，即由普通高校与民营企业合作举办独立学院，这是政府倡导的典型合作办学模式。由普通高校作为申办者负责向教育主管部门申办，提供教育教学资源，指导教育教学；民营企业作为合作者负责出资建设学校，提供办学基本条件，双方共同举办。②“普通高校+集团公司、国企”的非典型模式，即由普通高校与集团公司、国企合作举办独立学院，这是一种非典型的合作办学模式。这种模式与上述典型模式相比较，所不同的是出资者不是民企，而是国企。③“普通高校+政府+企业”的混合模式，即普通高校在地方政府经费和政策扶持下，联合企业共同举办独立学院，这是一种混合所有制的合作办学模式。④非标准模式，是指其他一些根据各种不同学校、不同地区和不同运营方式申办的独立学院，我们称之为非标准合作办学模式。比如，由普通高校与地方政府合作举办的独立学院；公办大专、中专学校划归普通高校，升格成为独立学院；公办高校与自己所属的具有独立法人资格的校产公司、企业或基金会等合作举办的独立学院。

不同的合作模式形成不同的产权结构，主要有：一元产权结构，是指只有一个出资者，申办者无形资产不作价入股。独立学院每年通过支付一定比例的学费收入，有偿使用普通高校的品牌、师资与资源。二元产权结构，是指有一个出资者，申办者则是以无形资产作价入股。多元产权结构，是指两个以上的出资者，申办者以无形资产作价入股。非标准化产权结构，是指普通高校既是申办者，也是出资者，同时又是办学者。按照《独立学院设置与管理办法》关于治理结构的规定，董事会是决策机构，校长负责教育教学与行政管理，党组织发挥政治核心作用，教代会发挥民主管理与监督作用。独立学院的董事会主要由申办者、出资者与办学者组成。独立学院的合作模式与产权结构决定治理结构中的决策机构的构成与内部治理关系的复杂程度。

6.2 独立学院治理结构存在的问题

独立学院是我国民办高等教育的重要组成部分，是为高等教育改革与发展注入的新活力和新动力，为我国高等教育大众化做出了重要贡献。但是，独立学院作为一种新型的办学模式，由于国家相关政策法规建设滞后和高等教育管理体制中存在的弊端，以及独立学院自身微观制度建设的缺陷，导致绝大多数独立学院往往还停留在“人治”，即“自然人治理”阶段，而没有进入“法治”，即“法人治理”阶段，没有建立起科学合理的法人治理结构。独立学院不同于普通高校，也不同于民办高校，可谓“一营二主”。“一营”即办学者（聘任的经营管理者），“二主”即申办者与出资者。独立学院治理结构与上述三者在办学过程中的地位、作用密切相关，由此衍生出一系列问题。

6.2.1 产权界定不清晰

由于独立学院是由公办普通高校与国家机构以外的社会组织或者个人合作举办，所以独立学院的办学主体具有多元性。产权的重要功能在于规范举办者和独立学院的行为，并对各产权主体的行为做出合理预期，明确各自的权利义务关系，最终保障民间资本的财产权益和独立学院的健康发展。当前，独立学院的产权主要存在产权最终归属不明确和所有权与经营权未实现真正分离等问题。

依照《民办教育促进法》《民办高等学校办学管理若干规定》《独立学院设置与管理办法》等法律法规，独立学院存续期间对举办者投入学校的资产、国有资产、受赠的财产和办学积累依法享有法人财产权，独立学院终止时须进行财务清算和财产清偿，剩余财产按有关法律、行政法规的规定处理。但是，上述法律法规都没有明确规定返还举办者的投入，也没有明确规定清算后“剩余财产”的归属，即对举办者投入资产的最终归属没有明确的规定。由于产权的最终归属不明确，制度规范缺失，直接影响了对举办者的投资保障和相应约束机制的生效。因为缺少对未来的合理预期，一些举办者为逃避投资风险，便想方设法在短期内收回成本，出现了投资教育的短期行为，造成了办学的不稳定性。

投资者往往都追求价值增值和利润，只有当投资收益大于投资成本时，投资者才会选择投资。作为参与举办独立学院的出资者有回报预期，这也是无可厚非的。但如果出资者对产权的控制、对投资回报额和回报期的追求没有适当的制约，就会直接影响到办学理念的实施，进而影响独立学院的办学质量。在独立学院有关产权政策尚不明晰和管理体制尚不完善的情况下，合作的双方在拟订的合作协议章程中缺少相互制约的条款，出资者通过投资，表面上将资金的所有权让渡于独立学院，实际通过控制董事会的表决权来控制独立学院的整体决策，进而拥有独立学院的全部财产甚至是全部控制权，从而达到投资的真正目的，导致独立学院在运行中未能实现所有权和经营权的分离。

6.2.2　董事会运作不规范

《独立学院设置与管理办法》规定，独立学院设立理事会或者董事会（以下统称董事会），作为独立学院的决策机构。董事会由参与举办独立学院的普通高校代表、社会组织或者个人代表、独立学院院长、教职工代表等人员组成。董事会对包括聘任、解聘独立学院院长在内的重大事项及进行独立学院章程规定的其他重大事项进行决策。从当前独立学院董事会运作实践来看，主要存在董事会成员构成不合理、董事会议事规则和决策程序不规范等问题。

尽管《独立学院设置与管理办法》规定董事会成员由参与举办的各方代表和院长、教职工代表组成，但由于院长一般是由举办高校委派，实际上院长也是公办高校的代表。由此导致教职工代表参与的形式意义大于实际意义，董事会的组成也就成了参与举办独立学院的公办高校和出资者利益博弈的结果，而缺少社会和学生等利益相关方的代表。

虽然有关法律法规规定了董事会对聘任、解聘独立学院院长；修改独立学院章程；制定发展规划；审核预算、决算；决定独立学院的合并、终止；独立学院章程规定的其他重大事项进行决策，但对董事会议事规则、决策程序没有明确规定，同时"独立学院章程规定的其他重大事项"具体指哪些事项也没有规定，这就导致了独立学院的董事会往往出现缺位、错位、越位等现象。有些独立学院，公办高校代表在董事会中占绝对优势，由于其投资主体是公办高校，尽管建立了董事会，但是形同虚设，董事会只是一个协调机构，而不是决策机构，独立学院往往由母体高校对其实行统一的管理，造成了董事会职责缺位；有些独立学院由于缺乏相关的监督机构和规章制度的保障，在财务上并不真正独立，而是控制在举办者法人手中，举办者通过董事会任意抽调办学资金，用于企业发展或投资于其他与办学不相关的项目，导致董事会职能错位，严重影响独立学院的长远发展，甚至使正常的运行难以为继；有些独立学院董事会中的出资者代表占绝对优势，而他们往往不懂教育规律，却总喜欢按照自己的企业管理方式、企业利润目标或者说是利益目标来支配教育教学的开展，甚至直接干涉独立学院的日常管理工作，经常出现董事会职权越位行为。

6.2.3 权力运行失衡

目前，由于独立学院管理体制还不完善、管理规范和制度还不健全、对权力范围的界定还不清晰，内部权力在运行过程中缺乏有效的制衡，导致了董事会权力微观化、行政权力泛化、政治权力弱化、学术权力边缘化等现象。首先，有些独立学院的董事会不仅仅行使对独立学院的重大事项进行宏观决策的权力，甚至直接插手独立学院日常管理等具体工作，一些独立学院的办学理念和用人机制必须融入董事长的思想，使得独立学院的管理体制在很大程度上由董事长的基本思想主导，在董事会和院长之间难以建立一个有效的利益制衡机制。其次，独立学院在管理上主要沿袭传统高校行政管理体制，套用政府机关行政级别，实行领导负责制，一级管一级，隶属关系清晰，建构了一个金字塔式的组织结构。这种行政结构层级较多，职能部门管理幅度过小，容易形成多头领导的局面，在一定程度上造成行政权力的泛化。再次，由于独立学院实行的是董事会领导下的院长负责制，而不是党委领导下的院长负责制，党组织失去了领导权，极少有机会参与独立学院重大事项的决策，往往成了独立学院的辅助机构，其政治权力大大弱化。最后，独立学院的院长既是独立学院最高行政长官，受董事会委托来行使行政权力，又是学术委员会的主席，代表独立学院的学术权力核心。这种权力结构模式的主要特征是重行政权力轻学术权力。另外，在独立学院管理中，教授治学的渠道还不畅通，教授参与决策的机制也不成熟。尽管独立学院建立了各种学术组织，如学术委员会、学位委员会，但各委员会的工作基本是在行政权力的控制之下，学术权力的发挥十分有限，学术组织机构的职能没有真正到位。久而久之，独立学院的学术权力就被边缘化了。

6.2.4 教师激励不足

在管理学中，激励不仅包括激发、鼓励，使用利益来诱导人，同时也包括用该种利益来约束和归化人的意思。目前，独立学院存在对教师激励动力不足的问题。首先，长远目标和共同愿景杠杆缺失。目前，独立学院普遍难以形成切合自身实际的长远目标和共同愿景，或者独立学院确立的长远目标和共同愿景缺乏自身认同感，致使献身于独立学院事业的使命感、责任感和主人翁意识难以获得自身广泛认同的长期目标和共同愿景的有力支撑，致使独立学院普遍难以留住优秀人才。其次，薪酬福利杠杆缺失。独立学院现有的薪酬福利与公办高校比较，普遍缺乏竞争力，有些独立学院的薪酬福利制度不健全，薪酬福利分配制度缺乏竞争力。最后，精神杠杆缺失。目前独立学院管理队伍普遍存在服务意识薄弱的问题，独立学院管理工作普遍存在不够充分理解、尊重、信任、关心、宽容教职员工的问题，致使独立学院多数人失去了应有的精神动力杠杆，教师满意度普遍较低。

6.2.5 内部监督约束缺失

由于独立学院享有独立的法人财产权，并由此产生各种权利，拥有这些权利的主体接受多方面的监督和制约就是一种必然客观要求。独立学院一般由两个以上的实体合作举办，但是举办者一般不直接从事学院的经营管理，那么，作为举办者表达其意志的权力机关——董事会的成立就是旨在对学院管理层进行约束和监督，确保举办者的利益。但是，董事会在学院治理结构中权力巨大，对内是决策者和指挥者，对外是学院的代表和权力象征。容易形成专权独断的局面。当董事会聘任了院长，学院具体的经营和行政管理与董事会作为经营者的权力于是出现分离，而董事会为了保证决策的贯彻，对举办者负责，必然要对院长进行约束和监督，防止其行为损害和偏离学院的长期目标。尽管董事会拥有任免院长的权力，但是当院长的权力一旦形成，有可能会因为信息不对称，院长由于对学院具体事务更加清楚，从而在事实上控制董事会的局面。此外，由于目前独立学院的院长都是由公办高校推荐，董事会聘任，有可能存在院长仅代表公办高校对独立学院行使管理权，从而忽略了出资者的利益。因此，有必要在独立学院的治理结构中设立专职监督机构——监事会，对学院董事会和院长进行全面的、独立的监督。但是，目前我国独立学院中几乎都没有设置这一机构，这在一定程度上导致了内部治理结构中的监督机制的缺失。

6.2.6 治理结构有待完善

独立学院治理结构基本上是套用企业治理结构模式，用于办学治校难免有不适应之处。高校的人才培养、科学研究、社会服务、文化传承与创新的功能与企业生产经营功能有着明显区别，教授治学与学术权力是企业治理结构所没有的。教学与生产活动的过程、周期、结果有许多不同之处。例如，生产过程是单向操作过程，要求有序有效，教学过程是教与学的双向互动过程，强调教师主导、学生主体，要求教学相长。又如，决策效应的周期、体现效益的对象都是不同的，可以借鉴不能照搬，能够兼容确有难度。

同时独立学院治理结构又部分沿用普通高校的做法，难以发挥应有的作用。普通高校实行党委领导下的校长负责制，独立学院包括民办高校往往套用这一领导体制，转引为董事会领导下的校长负责制。普通高校的党委领导地位是中国共产党的执政地位与领导作用的延伸与体现。《独立学院设置与管理办法》明确规定，在独立学院治理结构中，董事会是决策机构。领导体制下的领导机构与治理结构中的决策机构有所不同，党委会与董事会的职权界定更是大不相同。

领导体制强调的是纵向领导与被领导的关系，治理结构侧重横向职权分解与制约的关系。此外，党委会与董事会的组成人员与会议制度也不同。党委会或常委会组成人员都在校内工作，一般两周召开一至两次会议。董事会组成人员则不然，校内校外都有，按照规定一年召开一至两次会议，至多因特殊情况增开一至两次会议。这样的人员组成与会议周期如何适应学校日常工作中诸多决策需要？如此，董事会决策就可能演变为董事长拍板。校长负责教育教学与行政管理，董事会审定经费预算，校长也只能是“量入为出”。

6.2.7　治理结构运行不畅

合作举办独立学院模式的独特性决定独立学院治理结构的复杂性。独立学院有两个举办者：申办者与出资者。出资者有一方，也有多方，有地方政府，有国企，有民资，也有混合型。因此，独立学院的决策机构——董事会，至少由三方构成：申办者、投资者、办学者，甚至多方参与。董事会议事决策往往会出现难决策与乱拍板的问题。一是议而不决，决而不行。各方合作办校目标相同，办学目的各异，各方关注的焦点也有所不同。申办者关心学校声誉，关注校园稳定；出资者关心投资效益与合理回报，关注资产保值增值；办学者关心办学条件、教育质量，关注师生利益。在各方利益诉求、目标追求冲突的情况下，董事会很难协商一致，通过决议。说到底还是决策机构内部存在利益博弈所致，这是公办高校决策机构内部所没有的。二是议事决策无章可循。议事规则不细、决策流程不明。合作办学协议约定各方的权利与义务，独立学院章程规定办学目的与行为、办学目标与专业设置、管理体制与运行机制、资源配置与资产处置。犹如轨道、车站是地铁运行的必要条件，但仅此还不能保证地铁正常运行。三是议事决策有章不循。议事有规则，决策有程序，束之高阁，形同虚设。

6.2.8 政府部门监管有待改善

按照新模式举办、新机制运行的独立学院，要求政府法规适应、引导、规范独立学院的办学行为，监管干预治理结构运行失范行为。在实际运行过程中，政府调控独立学院还存在难题和盲点：一是管不到，没有行政关系，也没有经济关系。二是管不好，管理普通高校体制机制本身需要改革，很难适应独立学院的特点。三是管不了，政府也设立了专门的机构管理独立学院、民办高校，人少事多，应接不暇。问题监管难到位，违规干预难奏效。此外，独立学院的社会组织尚未建立或不健全，或是有组织、无自律。本应属于社会管理的事务也由政府部门办理，又加剧了“管不了”的情况。

6.3 独立学院内部治理结构构建的原则

独立学院法人治理结构是独立学院建立现代大学制度进行规范管理的基础。目前独立学院的建设与发展中，还有相当一部分独立学院的法人治理结构没有建立或不完全，相应的执行机制、运行机制及监督机制还不健全，激励与约束机制缺乏等现象普遍存在。独立学院法人治理包括外部治理与内部治理两部分内容。独立学院外部治理主要是指政府对独立学院的存续与发展所做的一系列制度安排。2008 年教育部印发的《独立学院设置与管理办法》对独立学院民办高校法人地位、设置条件和产权规范等外部治理结构进行了明确规定，独立学院在外部治理结构上只要严格按照《独立学院设置与管理办法》的要求进行治理，自然从容应对制度环境变迁中独立学院面临撤销、归并、转制及存续的选择，其中对选择了存续独立学院办学模式的学校而言，加强与完善内部治理结构则成为独立学院可持续发展的现实需要。

当前，作为独立学院发展重要支撑的制度体系，与独立学院稳健的发展姿态相比明显滞后。因无现成的“规则、约束条件”可遵照，部分独立学院现行制度中，有的纸上谈兵，违背规律；有的直接从母体高校“拿来”，与实情不符；有的模棱两可，法度不明。泰勒在其《科学管理原理》一书中认为：“最佳管理是一门实在的科学，其基础建立在明确规定的纪律、条件和原则上。”独立学院必须通过内部治理的建设，构建完善的制度体系。独立学院内部治理必须体现“现代性”特征，综合现有研究成果来看，现代性即“人与自然和谐相处的行事准则；不断增长的理性；以人的价值为本位的自由、民主、平等、正义思想；积极的、向上的、进取的精神状态”。归结到现代大学的核心管理理念，即“遵循自然、坚持法治、以人为本、与时俱进”，以此为指导，独立学院内部治理必须坚持以下原则。

6.3.1 “治”须遵循实际

首先，要尊重客观规律。尊崇自然是从古至今、延续千年的行事准则，中国古代典籍《管子》提到，“宪律制度必法道”，立法要“明于则”。“道”无形、无声、至大、至小、居无定所、往而不复却又无所不在，然万物均赖之以生、赖之以成，运用于所有的生命运动。“则”即事物的客观规律，万事万物都有其自身固有的规律。独立学院现代大学制度建设必须以“深刻把握现代高等教育规律、尊重大学基本办学规律，深入研究教育管理的基本规律，积极探索本科应用型人才成长的基本规律”为前提，不可“拔苗助长、急于求成”。其次，要尊重客观实际。独立学院制度建设必须切合国情和时代特征，切合独立学院办学特点，切合自身生源实际，必须集中体现独立学院人才培养定位，体现独立学院发展定位，体现本校的办学理念，具备可操作性。最后，独立学院制度建设内部必须坚持体系内的一致性。新制度订立时，负责部门必须与相关部门沟通、综合协调部门必须审核把关，避免学院文件相互“打架”、自相矛盾，如确立了“应用型、复合型、创新型人才”的培养目标，就必须在人才培养计划、课程大纲、学生综合评价方案等相关文件中形成统一的成才导向，多管齐下，形成全方位育人体系。

6.3.2 “治”须合乎大法

《独立学院设置与管理办法》指出：“独立学院及其举办者应当遵守法律、法规、规章和国家有关规定，贯彻国家的教育方针，坚持社会主义办学方向和教育公益性原则。”独立学院应以国家教育法规为制度建设的根本，建立完善符合法律规定的章程和制度。首先，制度制定者和执行者要做到认真贯彻学习党的各项方针政策、法律法规，努力提高自身的政治理论水平、职业道德和服务意识；其次，要反复研读高等教育、独立学院及独立学院办学的相关法规，自觉把“国家标准、国家程序”等作为制度拟定的依据，避免管理标准的随意性和运行的无序性，确保制度体系的合法性；最后，在日常运行中，学院还应将制度大法的遵守做到常态化，确保独立学院的规章制度体系始终与国家大法的精神内涵、核心要义保持一致。

6.3.3 “治”须顺乎民心

现代社会衡量高校管理工作的标准，已非单一的发展速度的快慢和办学水平的高低，同时还要看其能否实现对师生发展潜力的最大化激发和社会需求的积极回应，只有学院、师生、社会三方协调发展，这样的价值导向才是完整的。因此，独立学院制度建设必须顺应“教师、学生、社会”3个层面的根本需要和利益，只有坚持利益相关者（教师、学生、家长或用人单位代表）参与，才能保证制度的客观、适度、合情合理，使制度规范执行所构建的图景成为师生和社会的共同期待。

独立学院要重视教职工参与管理，更要将学生骨干队伍视作制度建设的重要力量，创设学生管理学校的相关渠道，如学生出席工作布置会、列席院务会等，听取学生对制度建设的合理化建议。独立学院要重视社会信息的收集，要通过毕业生信息跟踪反馈、大学发展咨询会、专业建设委员会等渠道，听取社会对人才的需求和对大学的要求，用以指导相关制度建设。

另外，独立学院制度建设要从马斯洛自我实现理论出发，坚持有效激励，要在制度中设计师生发展路径，设定前进目标，尤其在人事管理方面，应发挥独立学院机制灵活的优势，建立教职工业绩综合评价办法和工作业绩与职务晋升、收入分配紧密结合机制，鼓励能力强、业绩好、有创新意识的优秀者脱颖而出，使干事者得到公平承认，激发队伍的成长活力。

6.3.4 “治”须与时俱进

任何法律的出台总是依赖于一定的社会背景，反映其所赖以存在的社会关系。独立学院在市场机制下运作，经济社会发展的新形势往往需要学院做出快速反应，因此，独立学院应将制度柔性调整工作列入年度正常工作范畴，一些学院成立之初制定的规章制度，已经不适应学院当前的运作状况和高等教育改革发展新形势，不适应区域社会经济发展的新趋势，应当调整、修订。

独立学院必须针对发展中需要解决的新问题和工作拓展的新领域，新定制度，及时排除制度体系中的盲点。例如，多数独立学院已走过5~10年的发展历程，队伍建设的重点由量的扩充转入质的提升，现阶段主要是面临内涵建设的要求，重点要“加强骨干培养，形成学科梯队”，因此要突出抓好考核激励机制建设，以制度培育优秀人才、优秀团队的形成。独立学院制度订立必须具有科学基础上的前瞻性，管理者应充分研究独立学院的发展特点、运作实际，以科学管理观念和超前发展意识订立制度，以法令引导学院发展、师生成长。

6.4　独立学院内部治理结构的优化机制

法人治理结构的完善有赖于内部机制系统的构建。独立学院在明晰产权等外部治理结构的基础上要建立科学高效的大学内部运行机制，才能有效促进独立学院的可持续发展。

6.4.1　制定学校章程，形成独立学院规范发展保障机制

依法治校是我国高校内部管理体制改革的必然趋势，是高校管理走向科学化、规范化、民主化的必由之路，也是大学内部治理结构的内在要求。从完善独立学院治理结构来看，大学章程是独立学院得以正常运行的“根本大法”，是独立学院管理与运行的规则体系。如何按照《国家中长期教育改革和规划纲要（2010—2020年）》关于加强大学章程建设的要求，依法制定章程，依照章程规定管理学校，是完善独立学院内部治理结构的重要任务。独立学院应依法制定和严格实施学校章程，全面规范学校的办学宗旨、目标任务、内部管理体制及人事、财务、后勤等重大事项，形成学院依法自主办学、民主管理、科学发展的良性运行机制，提高办学水平和教育教学质量。

6.4.2　完善产权制度建设，建立“两权”分离机制

独立学院的举办者不仅有政府举办的公办高校，也有社会组织，因此独立学院治理首先要进行举办者与学院之间关系的重新反思与匹配，建立现代

大学制度，完善法人治理结构。产权制度是治理机制的基础。建立完善的产权制度，参与举办的公办高校和投资者才能进一步明确与独立学院的关系，法人治理结构才能有效地发挥作用。首先，要完善产权制度建设。任何产权关系的规范，最终都应以制度的方式出现。在宏观层面上，国家要出台相应的法规和政策，建立规范独立学院的产权，解决独立学院的产权组织形式和独立学院适用的统一的会计准则（包括独立学院中不同投资者的权益分配原则、独立学院终止时的资产清算原则及积累性资产分配的办法）。微观来看，独立学院要按照国家的相关法规对无形资产进行评估，科学确定公立高校投资额度与投资比例；制定完善的独立学院内部管理制度，包括财务管理制度、资产管理制度和资产清算制度；制定固定资产的购置、使用、报废等管理办法，对重大的资产进行处置，必须报院长批准，董事会审核。其次，要建立“两权”分离机制。两权分离，是指所有权和经营权的分离。按照《独立学院设置与管理办法》中的规定，独立学院属民办机制，具有独立法人资格，独立承担民事责任。为明确举办者之间的责权利关系，独立学院具有独立法人资格后，其举办者投入到独立学院中的财产即与各方的其他财产相分离，举办者对其所投入资产的所有权与其使用权、管理权相分离，仅拥有股权。两权分离对于独立学院来说，就是要使经营者的经营权与所有者的所有权分开，前者归属独立学院法人，后者归属于出资人，可以是公办母体高校，也可以是民间投资者，但公办母体高校和民间投资者不能既是所有者，又是经营者。也即是说，参与举办独立学院的各方可以拥有独立学院的所有权，但应当将独立学院的经营权即日常运作和管理的权力委托给学院的管理层。

6.4.3 实行董事会领导下的院长负责制，保障学校政策的执行机制

按照独立学院的民办体制管理模式，参照国外先进的学校董事会制度和现代企业法人治理结构，独立学院要建立真正的董事会领导下的院长负责制，必须要建立科学的董事会组织机构，明确独立学院的董事会和院长的职能，按照现代法人治理结构的要求，建立完善科学的决策机制。

首先，要形成有效制衡的董事会成员结构。在选举董事时，要注意董事会成员构成的合理性即董事会成员的结构，所谓董事会的结构主要是指股东派出人员的比例结构，董事会成员的专业结构、知识结构、年龄结构、人数

结构甚至性别结构。这些结构是否合理，将直接决定董事会核心能力的强弱，影响着董事会决策的科学性和全面性。董事会成员结构既要考虑投资者的利益，更要保证办学的方向。因此，要打破独立学院的举办者和投资者控制董事会组成的局面，可以吸纳社会知名教育专家、教师、职工和学生家长及政府人员进入董事会，并适当增加教师的比例。以这种结构组合董事会，不仅保证了办学的方向，保证了投资者的产权，规避了办学的风险，也满足了办学社会公益性的需要。

其次，要明确界定和强化董事会的职能。董事会要严格按照职能履行职责，对学院重大决策进行科学论证、做出决策，并严格贯彻执行，自觉接受监事会和教职工的监督。独立学院董事会是决策性机构，除参与重大决策和融资外，不能直接干涉学院的日常运行，对独立学院的人事、财务、教学、招生就业和学生管理等日常运行事宜要充分授权，建立董事会领导下的院长负责制，才能充分发挥公办高校优质教育资源和民办机制灵活的优势，确保独立学院的科学发展。

最后，要实行董事会领导下的院长负责制。院长由董事会聘任或解聘，是独立学院内部治理结构的必然要求。众所周知，我国的公办高校是实行党委领导下的校长负责制，这是公办高校的办学性质决定的，其办学经费主要来源于国家财政拨款，实行党委领导下的校长负责制，更有利于正确把握社会主义办学方向和坚持教育公益性的原则，确保学校安全稳定的大局与重大问题和事宜的正确决策与执行。然而，独立学院是普通高校与国家机构以外的社会组织或者个人合作，利用非国家财政性经费举办的实施本科学历教育的高校，由于办学经费来源是非国家财政拨款，因此，出资者与举办者理所当然是共同组建董事会参与学校管理，并依法承担相关法律责任和义务。独立学院实行董事会领导下的院长负责制，是符合独立学院法人治理结构体系的特殊定位。董事会领导下的院长负责制一方面确立了董事会在独立学院的领导地位；另一方面也要求独立学院在董事会领导下，由院长独立地全面负责学院的一切行政工作。董事会只对独立学院建设与发展过程中的重大问题参与决策，对学院的发展方向加以监督，但董事会不应事无巨细参与决策和指挥，否则就会越俎代庖，取代行政领导，董事会应充分尊重和发挥院长在学校工作中的重要作用，由院长在授权范围内独立负责地履行其职责，以保证学校各项政策的执行力。

6.4.4 完善法人治理结构，构建权力制衡机制

学者张维迎认为大学治理的关键是“校长治校、教授治学，并对大学校长权力要制衡，提倡学术自主”。独立学院内部管理体系分成3个层级，最上层为院级，中层为系处级，最下层为教研室或科室。从实际情况来看，在系处一级，系主任和处长都是由董事长或院长任命，他们既要对董事长和院长负责，也要受到董事长和院长的监督，其行使的权力性质当然属于行政权力，但这些领导人往往又是各系的学术权威，因此，他们行使的权力也是行政权力和学术权力的混合体，并以行使非学术性权力为主。因此，构建独立学院内部权力运行制衡机制，是今后完善独立学院管理机制的重点之一。而要构建权力运行制衡机制，可以从如下3个方面着手。

一是行政权力与学术权力分离。独立学院学术性组织太少，现有的组织也缺乏独立性，学术权力太过弱小而且与行政权力掺和在一起，因此，学术权力根本还没有形成相对的独立力量，更不用说能与行政权力相制约和相抗衡了。由于学术自由和学术自治是大学天赋之权，也是大学发展的内在逻辑要求，所以独立学院应该尽早建立起全院性的教授组织，并在规章制度方面明确规定教授组织的职权范围。但总的原则是，学院的董事会及党政领导人都不得以任何名义侵犯学术性组织的权益，学术性组织也不得随意干预学院的党政事务。

二是权力重心下移。目前独立学院的权力重心偏高，中层和下层的行政权力和学术权力太小，不利于发挥中下层干部和教师的积极性。因而要在制度上明文规定中下层管理干部和教授应该拥有的职权，而且规定上级干部不得随意干预他们行使职权。

三是权力适当分散。鉴于目前独立学院的权力过度集中于董事会和行政组织，其权力往往凌驾于其他权力之上，国家应该在今后的教育体制改革中，有意改变这种集权体制，把权力进行重新分配，构建起董事会权力、政治权力、行政权力和学术权力能够大体相互制衡的机制，特别是应该赋予行政权力和学术权力更大的运作空间，同时也应该积极培育学生力量，从而真正调动起管理者、教师和学生的积极性，以促进独立学院朝着更加健康的方向发展。

6.4.5 建立民主治校机制，加大师生的办学决策参与权

在独立学院，办学者与教职工之间的劳动关系从以往的以政治利益为基础、行政控制为手段的利益一体化的关系，逐步转化为以经济利益为基础、市场调节为手段的利益协调型劳动关系，市场化、契约化的特点非常明显。这尽管是时代发展的趋势，但教职工还是有一个心理承受、适应的问题，在劳动关系的确立、变更、终止与解除过程中，具体的矛盾和困难就更多。教职工的合法权益和人格尊严能否得以维护将直接影响到他们工作的积极性。为此，独立学院有必要建立劳动争议仲裁机构，受理教职工的劳动争议投诉，不断完善教代会和教职工工会制度建设，全面落实其知情权、参与权和监督评议权，使之切实维护教职工的合法权益。只有切实维护教职工的政治生活、经济生活和精神文化方面的合法利益，才能充分调动教职工的积极性。

大学实行民主管理是完善法人治理结构、建立现代大学制度的重要方面，也是科学决策、开放办学的一个重要途径。独立学院的经营者或决策者是独立学院举办者或投资者本人或由他们聘用的人士，聘用者只对举办者或投资者负责。在这种管理背景与权力分配的格局中，独立学院的教师往往以“旁观者”或“打工者”的角色意识参与学校教育教学或行政管理工作，他们对独立学院既缺乏主人翁意识，也不具有归属感。旁观者的角色意识，加之离散的教师结构，导致了教师群体在独立学院民主管理中地位的丧失。然而，要建立一所现代大学，没有全体教师的积极参与是根本不可能的。因此，独立学院在办学过程中，应建立健全校务委员会制度、教职工代表大会制度、学生代表大会制度，以及教授治学制度等一系列民主治校的管理机制，充分给予师生员工参与办学的主动权，认真听取师生员工对学校办学理念、教学、科研、财务、人事、分配、后勤等方面的意见与建议。在学校领导班子对学校重大事项进行决策之前，要坚持政务公开、以人为本、广开渠道的原则，认真吸纳教职工与学生的正确意见，不断改进和提升学校的办学理念、管理模式和工作方法，使学校越办越好，让教职工满意，让社会满意。特别是在学科建设等有关学术事项上，要广开渠道，请教授参与决策，建立起有效的“教授治学”机制。

6.4.6 建立公平高效的激励机制，激发广大教职工的创造活力

激励机制是通过对权力主体利益的强化来提高其工作积极性和工作效率，最终使其利益趋同于学校整体利益的机制，其是建立和完善独立学院法人治理机制的应有之义，也是独立学院治理机制创新的重点和难点。教师是学校办学的主体，他们以其自身的活动来引导和促进学生身心的发展。正是教师在高校中的这种主体地位，决定了高校在建立激励机制时，必须充分考虑广大教师所拥有的特殊人力资本的价值。当前独立学院由于历史与现实等诸多原因，没有建立一支稳定的师资队伍，兼职教师比例过高、教师队伍年龄老化、教师流动性强等问题十分突出，已成为制约独立学院持续健康发展的瓶颈。因此，独立学院的当务之急是建立其制度化的激励机制，提高教师对经济收入、学术环境、社会地位等方面的预期。独立学院在建立激励机制时有两点值得注意：第一，独立学院的激励机制包括 3 个层次的激励链。一是对最高权力机构成员的激励问题。目前我国独立学院的最高权力机构一般是董事会、理事会或校务委员会等，其相关成员也存在一个激励问题。二是最高权力机构对高层管理者的激励问题。三是高层管理者对教师、科研人员及中层管理人员、普通员工的激励问题。第二，激励手段应多元化，对不同的激励对象应采用不同的激励手段。与企业的激励机制有别，公益性质决定了独立学院难以采用剩余索取权激励方式。因此，除传统的工资、奖金和福利激励方式外，无形的激励方式不可或缺，如和谐的工作环境、持续的发展空间、适当的交流和进修机会、通畅的民主决策和管理渠道等。后者对于独立学院的中高层管理者、教师和科研人员等特殊人力资本所有者往往具有很强的吸引力。

独立学院的内部治理从本质上说就是一组委托——代理合约，董事会是委托方，校长和教师是主要代理人。由于合约的不完备、信息不对称等原因，必然存在代理成本和道德风险问题，因此解决的方法就是设计一套有效的激励机制，保证代理人与委托人的利益一致，代理人的行动目的是实现学校的长期价值最大化，而非追求学校的短期利益。定期对教师进行绩效考评既是全面客观评价教师素质与绩效的重要手段，也是构建教师激励机制的基础。激励机制的最佳状态是使教师的个人价值和学院的目标结合起来，使教师感觉到在实现学校目标的同时也在实现自己的价值。因此，首先学院应当明确

长远目标，并把长远目标作为学院的共同愿景。在充分考虑到教师的内在需求的同时，让教师也考虑学院的实际和发展目标，只有这样才能实现教师个体和学院集体的“双赢”。

其次，要深入了解教师的需求特点，善于抓住不同群体需要的差异性，建立个性化教师激励机制。对青年教师要加强职业指导，由老教师、系领导或人力资源管理者与他们联系，帮助分析其专业和个性特点，制订个性化的职业发展计划。中年教师在教学、科研、管理等方面都已成为学校的中坚力量，应积极支持中年教师在教学和学术领域里成就事业，并不断拓宽学术研究的领域，使之努力走在本专业发展的前列。老教师渴望受到尊重和对他们的成就给予客观评价，应充分肯定老教师的贡献，注意发挥他们的余热。

最后，在薪酬分配上，必须坚持“效率优先，兼顾公平”的原则，使分配适当地拉开差距，打破平均主义的观念，使做出较多贡献的人得到相对较高的报酬，并且结合人才市场的价格水平及其他行业的综合情况，科学设定价格标准，提高教师薪酬整体水平，增强教师基本薪酬的外部竞争力，体现教师职业不同于其他行业的特点，充分体现教师的社会价值和个人价值，使更多优秀的人才加入独立学院的行列，也可以激励更多的年轻教师安心在独立学院工作。

6.4.7 建立发展调控机制，促进学校沿着正确的办学方向科学发展

独立学院可以借鉴现代大学制度和现代企业运行制度，建立健全监事会，加强内部监督，建立管理问责机制，对举办者、学生及学生家长负责，对独立学院的发展进行监控。独立学院的问责机制就是在管理实践中，明确各级管理者的责任、义务，定期对责任人履行责任的情况进行监督、检查和评估，并根据检查结果进行一定的奖惩。监事会作为独立学院内部监督机构，对学院内部各权力主体行使监督、检查、约束和问责等职能。

首先，要注意监事会结构的合理性。监事会应该由具有相关财务经验、熟知资本运作的专业人士和高等教育管理方面的专家组成。监事会在其成员中必须至少选任一名执行监事，由其履行日常监督职能。为使监事会能有效行使监察职权，学院应大力推进教职工参与制度，保证监事会的正常到位和实际运行。监事会成员与董事会、院长之间没有利益关系。

其次，监事会要明确和履行职责。监事会的主要职责是监督学院董事会对学院办学经费的投入、董事会的决策和院长对决策执行情况的监督，以形成对董事会和院长之间的制约关系。董事会为学院筹集办学经费，批准学院发展战略，审议学院办学经费预算，任命院长，但其不能逾越职权直接干涉学院内部的行政事务。院长按照董事会批准的发展规划和财务预算进行相应的行政管理，不可以逾越董事会的财务预算，随意使用和调配甚至挪用资金。监事会有权对学院财务状况进行调查和检查，并有权要求董事或院长定期或不定期提供有关报告。对董事、院长违反法律法规或学院章程行为的，监事会有权要求其停止并予以纠正，同时还有义务对此以书面形式向董事会做出说明，监事会有权代表学院在法定期间内进行诉讼以追究其责任。监事会的介入，可以避免举办者尤其是投资者滥用职权的弊端，也可以防止在办学中出现投资不足、挪用及乱用资金的现象，对保证独立学院的依法治校具有保障作用。

独立学院是顾客支持型的非营利性教育组织。与公办高校相比，其生存与发展更受控于市场。因此，独立学院的发展必须根据社会与教育发展的趋势和市场的需求，建立健全自身发展的调控机制，积极主动地对自己的办学行为进行监督、调节、控制、完善，不断适应经济与社会发展的需要，不断提高学校的教育质量和办学效益。而调控主要依赖于评价，评价具有导向、校正与激励等功能。因此，建立独立学院发展的调控机制，首先，要有一套符合高校办学规律和学校自身实际的评价指标和方法。这种评价体系应以目标为导向、以事实为依据，做到自评与他评、共性与个性、静态与动态、过程与结果、显性与隐性等多方面的结合，要避免偏爱工具理性、片面追求经济效益的倾向。其次，要组建一支既懂管理又懂业务的评价队伍。最后，要有对自身的调控行为进行反思的制度，通过对自身评价的反思，以达到自我调节、自我约束、自我提高，主动适应社会需要的目的。总之，调控要起到鉴定与诊断、反馈与沟通、导向与激励、监督与决策等诸方面的作用，让学校始终在正确的轨道上运行。

独立学院内部治理结构的建立和规范是一个涉及政策、理论和实践等多层面的复杂问题，是一个渐进的过程，不仅需要独立学院自身的努力，更有赖于高等教育公共治理运行机制的完善。

下　篇

独立学院人才培养机制创新研究

7　高等教育理念追溯

7.1　中国古代高等教育思想与形式

中国古代教育思想非常丰富，虽然奉孔孟为正统，读书是为从政入仕，但也有不少有价值的理念：①有教无类的平民教育，尊师重教的风气；②温故知新，学思并重的学习方法；③教学相长、启发诱导的教学方法。

中国古代的高等教育事业起于朝廷，而在春秋战国时期，中国社会发生了巨大的变革，在奴隶主贵族的政治统治走向崩溃的时候，“天子失官，学在四夷”，原来由贵族垄断、官府掌管的文化也散失至民间，私人办学成为这个时期的一大景观。从此以后，整个古代社会的高等教育大致在官学和私学形式中实现。

7.1.1　官学中的高等教育

官学类型主要是太学和国子监，是中国封建社会的最高学府。汉代太学之名来自西周的“大学”，是古代世界上规模最大的高等学府，主要教授儒家经典。晋武帝咸宁二年创办国子学；齐改国子学为国子寺；隋炀帝改为国子监；唐宋两代太学与国子学并存；元明清时期则不设太学，只设国子学或国子监；明清国子监兼具国家教育管理机构和最高学府两重性质，后逐渐衰败，成了科举的附庸。除此之外，东汉末出现了我国古代最早的艺术大学——鸿都门学，其是“近代世界文学艺术大学的嚆矢”；三国时曹魏建立的五经课试法，其中由“门人”升入“弟子”的制度具有大学预科的性质；南朝刘宋政权设立的儒学、史学、文学、玄学 4 个学馆的分馆授业制度是分科教育的开端；唐、宋、明 3 个朝代分别创办的书学、算学、律学、医学、画学、武学等专科学校与专业训练，是世界上最早的实科学校。

唐宋以来，官学的最主要特征之一，是把教育和科举取士结合起来。一方面，这种教育能培养国家所需人才，并有利于政府的统治；另一方面，官学发展到最后成为读书人追名逐利之地，令教育堕落腐化。

7.1.2 私学中的高等教育

书院是中国传统高等教育中最有价值的一部分。先秦时期孔子兴办私学，可以说是书院教育之雏形；而汉唐的精舍被称为书院的前身；到北宋时期，书院教育才正式确立。书院教育的最大特色，在于其是由民间学者创办，没有政府的认可与资助，与官办高等学府在许多方面呈现截然不同的面貌。著名的有白鹿洞书院、岳麓书院、石鼓书院、应天府书院等。在培养人才方面书院有如下几个特点：①允许不同学派互相进行讲学、展开学术辩论；②将学术研究和人才培养两者结合起来；③以学生自学为主，教师指导为辅，师生关系融洽、师生互相砥砺。由于师生朝夕相处，接触频繁，彼此了解较深，教师热心教学，爱护学生，学生虚心求教，尊敬教范，师生感情深厚。朱熹在白鹿书院的教学中，循循善诱，孜孜不倦，对学生要求严格。虽然朱熹要求严格，但不是生硬的抑制，而是积极引导，所以学生对他很崇敬，有的学生即使后来身居高位，也对他执弟子礼。

中国古代最有活力的高等教育就是书院类型的私学。但私学发展到高峰不无例外地受到政府认可和资助进而被招安，转成官学，而一旦成为官学，书院便往往失去活力，最后趋于衰落，被其他新兴的私学取代。

7.2 西方高等教育思潮与大学的功能

7.2.1 西方高等教育思潮

20世纪西方教育思潮大体有自由主义、实用主义、要素主义、永恒主义、存在主义等几大流派。实用主义教育（progmatism education）是西方现代资产阶级教育思想的一个重要流派，对近代美国乃至世界高等教育产生了巨大影响，其主要代表人物是杜威，他指出“教育即生活”。实用主义教育流派在高等教育领域的思想和影响主要有：①以个体生长为主线，把高等教育统一在整个教育体系之中。这在确立了经验在高等教育中的地位的同时也动摇了高等教育的贵族特性，为高等教育民主化和大众化奠定了观念基础；②职业教育与文化修养应该而且能够统一起来，也就是职业教育可以达到自由教育的目的，体现自由的精神；③民主意味着自由，也意味着广泛的参与和承担社会责任，并且其从根本上影响着20世纪美国式学术自由的基调。

斯坦福大学从创建之初就致力于实用人才的培养。斯坦福大学在筹建的过程中，明确指出大学要培养的是“有教养的和有用的公民”。决定以“实用教育”理念为指导思想，创建了以培养社会发展所需的实用人才和有责任感的公民为培养目标，以实用科学为教学内容的新型人才培养模式。创始人斯坦福发表了一份有关自由教育的声明，声称：“我对于旨在扩大人们的头脑和提升人们的工作能力的普通文化十分重视。我想，我注意到了受过技术教育的年轻人并不能成为最成功的企业家，需要培养和发展想象力以便保证生活中的成功。人绝不可能造出他想象不到的东西。”斯坦福大学从创建之初就将高等教育与职业相结合，在教学中增设了大量应用技术方面的课程，特别注重对学生进行职业技能的训练，以满足社会对实用性人才的需要，这既提高了学生的文化素质，又培养了学生的职业技能和实践能力，初步确立了斯坦福大学的人才培养模式。

7.2.2　美国高等教育思想的新发展

在西方高等教育发展的过程中，关于高等教育为何存在与发展的哲学一直存在着政治论与认识论之争。强调认识论的人，趋向于把“闲逸的好奇”精神作为追求知识的目的，认为人们力求了解他们生存的世界，就像为满足好奇去做一件好奇的事情一样，是不受价值影响的；强调政治论哲学的人，认为探求深奥的知识不仅出于闲逸的好奇，而且还因为其对国家有着深远的影响。这种政治论与认识论哲学之争，渗透到高等教育目的与功能的各个方面。例如，高等教育的存在是为高深知识自身的原因，还是为了社会的需要；高校是以培养通才为目标，还是培养专才；科学研究是以纯基础理论为主，还是着重应用研究；社会服务是直接服务还是间接服务等。在高等教育史上，这两种哲学观一直主导着西方高等教育发展的历程，要么二者分别起作用，要么表现为二者并存、冲突、融合；就是在不同的学校，甚至是在同一学校的不同的系里，这两种哲学观的体现也不尽相同，从而使西方大学呈现出不同的发展模式和办学特色。

克拉克·科尔是当代美国著名的高等教育家，被称为“当代美国高等教育改革的设计师”。他的多元化巨型大学观及新型的大学职能观是其高等教育思想体系的重要组成部分，其有力地指导了美国乃至世界的高等教育的转型和改革，具有深远的历史意义。

科尔指出：“多元化巨型大学是一个不固定的、统一的机构。其不是一个社群，而是若干个社群——本科生社群和研究生社群；人文主义者社群、社会科学家与自然科学家社群；专业学院社群；一切非学术人员社群；管理者社群。多元化巨型大学的界限很模糊，其延伸开来，牵涉历届校友、议员、农场主、实业家——而他们又同这些内部的一个或多个社群相关联。作为一所学校，其要回顾过去，展望未来，并经常同现在发生矛盾。其服服帖帖地几乎是奴隶般地服务于社会——其也批评社会，有时不留情面。其提倡机会均等，但其本身就是一个等级社会。”

在科尔看来，现在的大学是“多元化社会中的多元化大学”，他指出，多元化巨型大学与传统的大学有许多不同，其并不固守一个职能，而是随着时间和地点的变化而变化，大学有很多职能，而且职能还会继续增加。他对通常所说的大学具有教学、科研、服务 3 种职能的观点也不以为然。他认为大学职能是一个错综复杂的网络，这个网络包括生产性职能、消费性职能和公民职能三大类，且进一步指出，大学的职能是动态、发展的，而不是不变的；大学的职能是复杂多样的，彼此之间也有可能是矛盾的；多元社会中的多元化大学组成一个多元化的系统，大学的目标是不同的，因此并不存在统一的职能模式，每一所大学的模式都有可能与其他大学不同。他反对培养绅士、完人、全人的大学教育目标，认为这样培养出来的是贵族，是中上层阶级，而不是工人和农民，其强化了大学教育的阶级性；科尔也反对大学培养社会精英或领袖的观点，他认为在一个民主社会中，社会精英或领袖是在教育过程和其他实践中浮现出来的，而不是刻意培养的。科尔认为教育责任就是要为民主社会培养“有效的公民”。这种有效的公民不但是一个积极的公民，而且还是积极的生产者和积极的消费者。他们应具备以下几个方面的基本素质：掌握丰富的知识，了解美国社会，掌握基本的学术方法和技巧，具有选择和从事某一职业的能力，养成一个有效公民所具备的伦理价值观、审美观、责任感、自主意识、处事能力、完整的个性、健康的情感和个性品德有关的品质。他呼吁大学的普通教育，为学生的发展营造建设性的环境。另外，强调大学培养人才方向要严格学术标准，重视创造力的培养，给学生更多的学习自由。科尔的多元化巨型大学理念的主要特征较之以前的理念更有时代性和现实性。他的大学理念既顺应了时代发展的要求和需要，也满足了社会对大学的目标与期望，实现教学、科研、社会服务三大功能的有机结合，这种“巨型大学”也使有关大学理念的分歧进入一个新的领域。

7.3 钱学森的教育思想体系

钱学森一直心系中国教育事业。他认为，如何尽快提高人们的智能与品德，适应21世纪的需要，其意义不亚于当年研制和发射“两弹一星”。他特别提醒，改革教育不要简单引用别国的现成经验，要运用古今中外成功的人才教育实践经验与教育规律，从研究教育科学的基础理论做起。后来由于计算机等现代工具的高速发展，他的教育思想不断得到发展，形成了较为系统的钱学森教育思想体系。钱老的教育思想体系可以归纳为以下4个方面。

①“大成智慧学”，大成智慧教育是钱学森教育思想的重要内容，被认为是21世纪新一次的“文艺复兴”。可概括为4点：一是要用现代科学技术体系来教育培养学生；二是要把系统科学的最新成果教给学生；三是拔尖创新人才培养要专博相济，注重专深博广的统一；四是拔尖创新人才培养要文理并举，注重科学与艺术的结合。其核心就是“要打通各行各业学科的界限，大家都敞开思路互相交流、互相促进，各科学技术部门的教师相互渗透、相互促进，人的创造性成果往往出现在这些交叉点上”。

②现代科学技术体系，钱学森从系统论的角度揭示了“人类知识体系”，将科学技术划分为基础科学、技术科学、应用技术3个层次，把科学技术3个层次的专业知识与教学内容合理设置与安排，使理论易于联系实际，培养出有高度智慧又有实际操作能力的人才。

③科学与哲学的结合，哲学是上层建筑，是战略思想，可以高屋建瓴地看问题；科学是战术思想，是对哲学的验证，先有哲学后有科学；要站在哲学的高度，居高临下地看待事物、分析事物，用哲学大思路来研究科学，研究教育；科学要有哲学的指导，科学只有在哲学指导下才能创新，才能深入；科学与哲学结合才能走得远、走得广、走得稳、走得快；科学与哲学结合才会培养出将帅之才、杰出人才。

④充分利用现代信息网络技术，人—机结合等多种方式，培养教育大学

生具有大智、大德的思维结构和内涵。让青年人的思想奔放，驰骋在一个广阔而科学的天地。有了这样思想和文化基础的青年学生，适应能力强，进入任何一个专业工作都可以，改行也不困难，他们既是全才又是专家，也将是全面发展有所创新的一代帅才。

8 我国大学培养模式的沿革与可持续发展

百年大计，教育为本。教育是我国实施科技兴国战略的重要途径，也是一个民族进步的推进器。积极借鉴国外先进的教育理念，建设高等教育强国既是历史赋予中国高等教育的重要使命，更是国家富强、民族崛起的现实需要。

8.1 我国大学人才培养模式的近代沿革

从形成到改革，我国大学人才培养模式在历史长河中演进。人才培养模式既具有稳定性、独立性特征，又具有多样性、可变性特征。从某一历史发展阶段看，大学人才培养模式是稳定还是变动，主要受制于当时社会条件及人们的思想观念；从整个人才培养模式的演进历程看，则不管其变化，始终应围绕提升教育对象——未来人才的发展潜力这一目标。

8.1.1 民国以前的大学人才培养模式

中国高等教育意义的大学人才培养模式，开始于清末民初，由历史上著名的戊戌变法发端。在当时就有了一定数量的学校，虽说没有完善的体系和学科体系，但初步建成了中国近代大学的雏形，这一个时期是中国大学的萌芽期。

1862 年清政府建立了京师同文馆，随后在洋务运动中先后兴建了 20 余所洋务学堂。这些学堂秉持“中体西用”的培养原则，以西文、西艺为教学内容，造就了一批实用型的外交和军事人才。而 1895 年天津盛宣怀创办了天津中西学堂，首开中国培养各行业高级专门人才之先河，1898 年诞生的京师大学堂确立了这一变革，开始了在普通教育基础上进行专门教育的人才培养，以西政教学培养社会改良人才的实践。这一时期，人才培养模式的特点是坚持“中学为体，西学为用”方针，存在的不足表现在高等教育的社会功能得不到充分发挥，培养的人才缺乏先进思想。

8.1.2 民国时期的大学人才培养模式

到了民国年间，中国大学的人才培养取得长足的发展，几乎每一个省都有一所大学或者数量更多。在抗日战争时期，中国的高等教育遭到一定程度上的破坏和摧残，但是由于一些知名的高校迁入西南地区，保存了中国高等教育的火种。当时北京大学、清华大学、南开大学在昆明联合组建西南联合大学，浙江大学迁入贵州湄潭。

辛亥革命后，资产阶级教育思想得以逐步贯彻，在我国高等教育体制上，效法西欧、日本和美国成为潮流。这一时期的蔡元培和张伯岑的教育思想影响深远。蔡元培作为当时的国民政府教育总长和北大校长，他的人才培养思想对当时北大改革和我国高校的人才培养模式影响重大。蔡元培曾留学于德国，深受德国的大学办学模式熏陶，他主张兴办综合大学、学术性大学的理念；力主“学”与“术”分途，高举学术自由旗帜；在教学中废除年级制，采用分系选课制及学分制，以打通文理沟壑，舒展个性。1919 年爱国教育家张伯苓在天津创办了南开大学，他认为大学培养的人才，既应具备学术理论才能，还应具有实际工作能力；主张按照“理以救国，文以救国，商以富国”的思路，设立文、理、商 3 科，努力服务社会和民族工商业。总之，这一时期人才培养总的特点是坚持通才与专才结合、学术性与职业性兼取。

国民政府时期，在国民党统治区，壬戌学制的基本精神得到延续，同时南京政府颁布了《大学组织法》《大学规程》，在此影响下，此后各大学在人才培养模式上逐渐倡导“通才教育”。在清华大学，当时的校长梅贻琦，主张推行美国的通才教育模式，提出“通识为本、专识为末”的观点，要求学生兼具自然、社会和人文 3 个方面的知识，同时也关注学生今后的就业和出路。此模式是兼顾了构成人才发展潜力的“自由扩展度”与“适应度”两个方面的要求，对我国大学人才培养模式影响深远。

在中国共产党领导的根据地和解放区，大学培养人才也形成了自身的特色，主要为革命战争的需要培养政治、军事、文教和专业技术人才。1931 年创建的红军大学，坚持“理论与实践并重，前方与后方结合”的原则，其后改名为中国人民抗日军政大学，仍然坚持“理论与实践并重”的原则。这些人才培养原则对新中国成立后的普通高校影响较大。

8.1.3　新中国的大学人才培养模式

新中国成立后，中国高等教育发展迎来前所未有的新曙光，更为重要的是创建了一大批有利于民族大团结、有利于民族地区的文化素质提高的民族院校，解决了新中国成立时民族干部缺乏的难题。在北京、武汉、成都、兰州、贵阳等城市建立民族学院，这是中国共产党的伟大历史创举。新中国成立后的几十年里高等教育的总趋势是发展的、前进的。

“文化大革命”对大学的发展造成巨大摧残。人才的培养一是依靠广阔天地的社会大学，二是兴办工农兵大学、劳动大学、共产主义大学，使得国家后备人才严重不足。

新中国从成立之初到改革开放之前的大学人才模式都受到了苏联模式的影响。高等教育改革的目的，即要把“抽象”“广博”的学府逐步改变成具体的、专业的学府。于是1951年年底全国上下的院系调整开始了，调整“以培养工业建设人才和师资为重点，发展专门学院和专科学校，整顿和加强综合性大学”，认定旧中国高等教育模式“只能培养出一些不切实际的所谓‘通才’。这种‘通才’教育的结果，在旧中国就表现为‘学非所用’‘用非所学’”。与中国具有类似国情的“苏联模式”——专门人才培养模式成为我国的首选。自此，民国时期引进的通才教育思想被专才教育思想所代替，整个人才培养过程呈现出新特点，即以各行各业所需的专门人才为目标，对口培养。

我国的高等教育迎来新的发展时期，是在党的十一届三中全会的召开及全国科技大会之后。恢复高考制度后，自从1978年以来，我国的高等教育取得飞速的发展，无论是高校的数量、学生数量、培养人才的层次，还是高等教育的招生体系都有新的发展，逐渐形成完备的高等教育体系。1979年5月，我国召开了全国高校科研工作会，讨论如何把高校既办成教育中心，又办成科研中心。

在中国特色社会主义理论指导下，中国高等教育事业蓬勃发展。到目前，已建立起数十所达到世界一流水平的大学，若干所国家“211工程”“985工程”重点大学和10余所民族大学，这是我国高等教育所取得的成就。但发展中凸显出了诸多的问题。为此，新一轮的大学改革逐渐围绕人才培养模式展开，概括起来有两点：一是对“专中求通”形成共识，重视本科学生的文理基础和文化素养，提倡人才宽口径及复合型，注重通过课程和教学内容改革，在保证质量的前提下，淡化专业；二是强化“产、学、研”的培养方式，重视发展重点大学本科生的研究潜力和创新意识。

8.2 以人才培养为核心的大学自适应发展

8.2.1 高等教育的性质嬗变

进入21世纪，人类迈向知识经济时代。知识的加速发展、知识价值的提高、职业劳动的变化、现代信息技术的发展和应用、全球化和市场化的影响等，都对高等教育提出了新的挑战。这些挑战无论是从高等教育系统内部，还是高等教育系统外部，都形成了强大的变革力量，使得高等教育的时空界限被突破，呈现出一些新的功能、新的价值观。由于知识价值和学生地位的提高，高等教育体现出多重性质：高等教育不仅是一种人才培养活动，也是重要的知识生产活动和教育服务活动；学生接受教育活动与职业活动相互交织、相互影响；高等教育功能向新的领域拓展，出现了大量的营利性活动，非营利性高等教育也不同程度地市场化；高等教育既具有公益性也具有私人性，既具有全球性，也具有本土性；等等。

21世纪高等教育的发展，需要重新认识高等教育的性质，并在此基础上调整高等教育价值观、质量观和发展观：①在价值观方面，高等教育成为社会经济的中心以后形成了复杂的价值关系；②高等教育质量观与其多重性质相适应；③高等教育的多重性质、多样化的价值观、多样化的质量观等形成了高等教育多样化发展的内在动力。

8.2.2 大学的自适应发展

21世纪人才需求对大学培养模式的要求，以及世界高等教育思想的变化，高等教育大众化、私营化、终身化、国际化，决定了中国大学要有自适应性，去回应所有对人才培养带来的新契机和新挑战。

首先，随着学习型社会的即将到来，高等教育已经不再是一个人受教育的最后环节，而是一个中间过程。由此可以得出，人才培养若坚持单纯以迎合市场、片面以就业为导向构建的模式，必然导致大学精神缺失，功能紊乱，这种饮鸩止渴的模式是不可持续的。因此，高等教育树立终身教育的理念，是着眼于学生未来发展，注重培养学生自我完善和提高，不断接受获得新知识、新技术的基础，强调学生应在大学期间集中学习掌握工具性的知识，掌握继续学习的技能，为他们提供一系列最佳选择的课程。因此大学在人才培养上应向基础性倾斜，为其以后的继续学习奠定一个扎实、宽厚的基础，包括知识的、能力的全面素质的基础。随着现代高等教育逐步进入科学、技术、人文并重的时代，单一的专业人才已难以应付社会的复杂局面，所以应强化基础，淡化过细的专业。

在传统观念中，教育就意味着学校，意味着性质特殊的，用课程、方法和专业人员体现其内容的一种活动。学者朗格朗对之提出批判，他认为，如果教育要在个人的整个一生中、在个人生活的各个方面发挥作用，首先就需要使其突破学校的框框，使其占据人类活动的全部，既与工作联系起来，也与闲暇时间联系起来。朗格朗同意教育与职业密切联系是终身教育中十分突出、人们普遍认识到的一个方面。他认为，普通教育与职业训练是有机统一的，所谓的普通教育，也就是学会使用科学知识和表达思想的工具，只有在其培养了人们从事职业的能力时才能获得其充分的意义，也才能获得最强大的动力。但是，朗格朗阐述终身教育的理念时指出："教育和训练的过程并不随学校学习的结束而结束，而是应该贯穿于生命的全过程。这是使每个人在个性的各方面——身体的、智力的、情感的、社会交往的方面，总之在创造性方面——最充分地利用其享赋和能力必不可少的条件。"

朗格朗主张"必须把教育看作贯穿于人的整个一生与人的发展各个阶段的持续不断的过程"。朗格朗也看到，教育事业进步只有战胜阻力和克服障碍，才能实现变革和适应变化。这些障碍和阻力包括：一是教育事业本身的复杂性。教育关系到个人、团体和民族，而且哲学、社会结构、教育的成本和效益及平等和正义等各种各样的因素对教育起作用。二是教育事业的迟效性和保守性。由于教育工作的结果只有在遥远的将来才能清楚地显现出来，并且人们在进行变革时，常常举棋不定，这一切对教育的发展有很大的影响。三是教师及权威机构的人士对教育变革缺乏热情和兴趣。

其次，自适应是可持续发展的需要。可持续发展是指既满足现代人的需求，又不损害后代人满足需求，是指经济、社会、资源和环境保护协调发展。

高等教育的可持续发展是指一国高等教育在数量、规模、布局、机构及内部课程、教学、管理、服务等诸要素之间要科学统筹安排，协调发展，以获得长期效益。

一方面，我们不能不对当前人才培养模式进行重新思考，包括重新审视高等教育在社会体系中的地位、使命和前进的方向，以及高等教育内部要素所面临的问题等；另一方面，是指可持续发展战略的持续性、整体性和协调性原则，使我们提出人才培养模式自身的可持续发展问题，即大学的人才培养模式究竟如何改革才能长久地提高效率，培养出具备可持续发展能力的人才。

以高校的课程为例，课程体系是大学人才培养模式的核心，而我国高校课程体系一贯具有的僵化、呆板的特点使其难以随着社会发展变化而做出灵活、迅速的自我调整。面对每一次较为深刻的社会变化，我们对课程体系所做的巨大调整，或大砍大杀，或改换门庭，都造成了巨大损失。这种课程体系显然是不可持续的，自然谈不上发展。因而建立具有灵活性的课程体系，也即建立一种可持续发展的课程体系，使其既符合大学教育的内在逻辑，又能自觉对市场环境的变化做出行之有效的反应，这是高校课程体系现代化的一个基本要求。

最后，教育的内外部规律也给出同样的结论。潘懋元认为：“在诸多教育规律中，有两条是最基本的，一条是关于教育与社会发展关系的规律，称为教育外部关系规律；一条是教育与人的发展关系的规律，称为教育的内部关系规律。”

9 人才培养模式的理论融合

9.1 人才培养模式的理论基础

9.1.1 人的全面发展理论

人的全面发展既是社会全面发展的主体条件，也是社会发展的最高目标。当代中国社会的发展进入以经济全球化为背景、以社会主义市场经济为基础、推进全面小康社会建设和中国现代化进程的新阶段，人的全面发展的理论价值和实践意义更加凸显。推进人的全面发展，同推进经济、文化的发展和改善人民物质文化生活互为前提和基础。我国目前处于社会主义初级阶段，社会主义制度的建立促进了生产力的发展，为社会政治文明、精神文明的发展奠定了扎实的社会基础，也为人的全面发展创造了有利条件。同时，世界经济全球化和政治多极化趋势越来越明显，科技进步在推动社会发展，未来世界的竞争会更加突出地体现在人才的竞争、民族素质整体水平的竞争和民族凝聚力的竞争上。要实现中华民族伟大的复兴，就必须高度重视人的全面发展问题，为人的全面发展创造条件、搭建平台。

人的全面发展涉及内涵、目标、条件、过程、实现路径等各个方面。其中，人的全面发展的实现条件和基本路径是最根本的问题。根据马克思的思想，生产力的发展对实现人的全面发展起根本的决定作用。但是，生产力对人的全面发展的根本性决定作用是需要通过各种方式实现的。其中，教育就是生产力对人的全面发展发挥决定性作用的重要方式。教育不仅通过知识传授，而且通过知识生产的方式来普及、提升和保存生产力水平，从而提高人的生产能力，拓展生产视野，培育人的个性，创新知识体系，为人的全面发展提供重要的条件支撑。因此，教育是实现人的全面发展的重要途径，实现人的全面发展离不开教育。

9.1.2 供应链管理理论

供应链是围绕核心企业，通过对信息流、物流、资金流的控制，从采购原材料开始，制成中间产品及最终产品，直到最终用户连成一个整体的功能网链结构。其不仅是一条连接供应商到用户的物流链、信息链、资金链，而且是一条增值链，物料在供应链上因加工、包装、运输等过程而增加其价值，给相关企业带来收益。

但是，人才供应链管理必须依靠动态短期的人才规划、灵活标准的人才盘点、无时差的人才补给、投资回报率（return on investment，ROI）最大化的人才培养，颠覆传统人才管理中的常规思维模式，来帮助企业打造和动态业务相匹配的动态人才管理模式。以提高就业为目的，让学生毕业就能顺利就业，引入管理学上的供应链管理模型到大学的人才培养，模糊了大学与企业的基本性质和功能。

9.1.3 实境耦合理论

“实境耦合”主要针对职业人才培养，就是强调在真实的职业环境中开展实训与教学活动，面向生产、服务、管理一线培养高素质、高技能人才的目标定位，以实境训教为基点。这是企业办学的模式思路，但对试图实现零距离对接的大学并不合适。

“实境耦合”还有另一种形式就是学科竞赛。校内校外学科竞赛可以带动开放式人才培养，成功搭建了产学研培养模式。学科竞赛是培养创新人才的重要环节，应当好好利用。实践是创新的源泉，目前高校中存在的重知识轻能力、重理论轻实践、重共性教育轻个性发展等现象，不利于创新人才培养，特别是对于理工类高校，促进教学改革，加强实践性教学环节，培养学生创新精神和实践能力，是正在探索的重要课题。而学科竞赛不失为一条很好的途径。学科竞赛是提高学生动手能力、培养学生创新精神的有效形式。竞赛中，由一个个参赛团队分别设计、制作完成一个有特定工程背景的题目，其涉及的内容往往是一个课程群而非一门单一的课程。这个过程可以培养学生查阅资料的能力、自学能力、分析问题与解决问题的能力、综合设计与调试能力、科技论文写作能力，同时还可以培养学生理论联系实际的作风、团结协作精神和创新意识。可以说，高水平的学科竞赛既能培养学生综合运用基础知识的能力，又能强化学生的创新意识。许多学科竞赛实践表明，参加竞赛，无论成绩如何，都可以充分调动学生的主观能动性，鼓励他们动手、创新、协作，积极进取，学以致用。因此，应充分发挥学科竞赛在培养创新型人才中的重要作用。

9.1.4 高校分类定位理论

教育必然要与社会发展相适应，不能离开社会的发展定出自己的发展方向，因为高等教育的人才培养结构必须主动与现代经济、社会的人才需求结构相适应。社会需要的人才是多层次、多类型的，因此，每一所高校都应在高等教育的分类中找准自己的位置，明确自己的发展方向和发展战略，突出自己的特色，为社会培养高素质的人才。现在存在的突出问题是：经济社会发展对人才的需求是多层次、多类型的，而高校对人才的培养却是单一化甚至是盲目无序的。这种单一化的发展方向与多样化的人才需求的矛盾导致了精英教育的发展方向与大众化教育的发展方向混乱不清的状况，这一问题如果得不到科学、合理的解决，将会直接影响到我国未来高等教育的健康、良性的发展，直接阻碍我国由人力资源大国向人力资源强国迈进。根据陈厚丰的研究，我国高校分类定位的含义有以下 4 点。

首先，高校定位是高校面向社会需要独立自主进行的规划活动，政府教育行政部门在高校定位中的主要职责是通过有效的制度安排和机制（如高校分类、高等教育职能分化规则和办学资源配置规则等）对高校定位进行引导与调控。

其次，高校定位的依据是高校自身的基础和优势、高等教育和科技发展的趋势、国家和社会需要、高校职能及学生成才需求。

再次，高校定位主要是回答高校应该充当什么角色、承担哪些任务等问题，因此高校定位的主要内容大致包括学校类型和层次定位、总体目标定位、人才培养目标和层次定位、学科专业定位、办学思路和发展战略定位及科研方向、服务面向定位等，其中最为重要的是人才培养目标和层次定位。

最后，高校定位必须以建立高校的分类标准（即“基准”）为前提，没有多样化的高校分类标准，高校就无明确的参照系，也就不可能合理定位，并形成鲜明的办学特色。总之，一所高校的定位是高校“面向社会依法自主办学”的重要体现。

9.1.5 三螺旋模型理论

知识经济时代如何实现创新，大学培养人才最终能否有市场，必须要建立与商业（产业）、政府的新关系。为了揭示创新的动态性，以及知识开发与传播机构之间的复杂网络，埃茨科瓦茨（Etzkowitz）在 1997 年首次提出三螺旋（triple helix，TH）模型。雷德斯道（Leydesdof）对此概念进行了发展并提供该模型的理论系统。该理论描述了在知识商品化的不同阶段，不同创新机构（公共、私人和学术）之间的多重互反关系：产业作为进行生产的场所，承担着最终产品问世的重任；政府作为契约关系的来源，确保稳定的相互作用与交换；大学则作为新知识、新技能的来源，是知识经济的生产力要素。三螺旋模型认为大学、产业和政府在保留自身原有作用和独特身份的同时，每一个又表现出另外两个的一些能力。三者交叉、结合，角色互换多样，多边和双边沟通灵活，由此形成持续的创新流。通过建立一个行政链、生产链、科学链：一是由地方或区域政府及下属机构组成的行政链；二是由垂直和水平联系的公司构成的生产链；三是由研究和学术制度组成的技术——科学链。其 3 股力量构成缠绕在一起的螺旋，形成动态网络。

9.2 回归、融合与延伸

高等教育发展史可以把大学教育人才培养模式的嬗变大致分为 3 个时期：前工业经济时期，大学的人才培养以知识为导向；工业经济时期，大学与人才培养以学科专门化知识和技能为导向；知识经济时期，大学的人才培养以素质和能力为导向。

人的教育，就是人的全面提升，要培养学生健康的个性，自由的思想，独立的人格。教育原本就应该在物质产品和精神产品的生产上，培养起学生浩渺宽广的精神视界，远大辉煌的文化理想和对人类的终极关怀，并从中发现自己，认识自己，体验自己，丰富自己，体验到做人的快乐。在尊重基本人性的前提下，帮助学生认识宇宙是怎样的，地球是怎样的，人类文化和人类经验是怎样的，让他们与大自然建立起认识上和情感上的联系和交流，与每个个体、整个人类之间建立起联系和交流，让学生拥有人类最丰富的精神资源，并进而树立一种最充盈的幸福和最宽广的精神自由，然后学生才能按自己的愿望为自己的生命赋予意义。一个人精神上的最高尊严就是独立的为自己的生命赋予意义，帮助他们最切实的最完整的赋予生命意义，这就是中国教育的责任回归。

整个中国对包括高等教育在内的社会教育的理解是南辕北辙。中国教育学会会长顾明远指出："今天，我们的教育受到3 种拉力的影响：一是国家要培养合格公民，希望他们成为国家发展、社会发展的人才。二是家长把教育看成是敲门砖，认为自己的孩子是天才，望子成龙，个个都成顶尖人才。三是市场把教育作为逐利的工具。"高等教育简单化，甚至降格为高等职业教育，只能是培养出许多没有教养的低层次的人才，不可能冒出"杰出人才"。教育界也有部分专家极力反对将"人的教育"简化为"人才培养"。工具制作型教育为一切政治的、经济的实用主义者所欢迎，因为是培养工具，当然很受欢迎。但是人格提升型教育则与开明、进步、民主的政治有关，也与健康的市场经济的人才需求相联系，这就是"人才培养"教育带来的弊端。

融合是对主客观规律的一致性把握。人才培养模式主要受外在因素的制约，也受到高等教育自身发展的内在因素的制约，但始终在"适应度"与"自由扩展度"之间此消彼长。作为高等教育实践活动之一的大学人才培养实践也必将遵循这一规律，在人才培养中要既要考虑到社会的发展需要，又要考虑人的发展需要，使人才培养在"适应度"与"自由扩展度"之间保持一个合理的关系。也就是说人才培养模式改革必须遵循人才发展潜力的"适应度"与"自由扩展度"协调发展要求的规律。而两者之间发展的协调程度取决于社会发展需要、高等教育在社会发展中的地位及对人的自身发展的重视程度。纵观我国大学人才培养模式百年变迁，随着社会条件和思想观念的不断变化，人才培养目标也不断变化，但不变的是社会需要的人一定是有较强发展潜力的人。

关于人才成长规律，习近平总书记阐述为厚德育人、量才施用、竞争成才、最佳成才期、实践成才等 5 个方面，强调要注重把握客观性，避免片面性，注重在实践中认识和把握规律中遵循、运用规律。

阵痛之后，不少大学已经动起来了。重新回归高等教育的本质，就是加强通识教育，回归到人的教育，由原来功利性的、饭碗式的教育，回归到有尊严的人的教育。可以预测，今后人才培养模式的发展方向必定是围绕培养"有较强发展潜力的人"这一目标。本书立论的前提，就是在消化吸收以上理论基础上，进行融合和延伸，进一步展开模式的系统分析。

10 转型发展是独立学院人才培养的时代要求

当前，我国已经建成了世界上最大规模的高等教育体系，为现代化建设做出了巨大贡献。但随着经济发展进入新常态，人才供给与需求关系深刻变化，面对经济结构深刻调整、产业升级加快步伐、社会文化建设不断推进，特别是创新驱动发展战略的实施，高等教育结构性矛盾更加突出，同质化倾向严重，毕业生就业难和就业质量低的问题仍未有效缓解，生产服务一线紧缺的应用型、复合型、创新型人才培养机制尚未完全建立，人才培养结构和质量尚不适应经济结构调整和产业升级的要求。

2015 年，教育部、国家发展改革委、财政部印发《关于引导部分地方普通本科高校向应用型转变的指导意见》。主要从 4 个层面提出了转型发展改革的 14 项主要任务，明确要求独立学院人才培养要向应用技术型转型发展。面对高校人才培养与经济社会发展需求严重脱节、高校人才供给与社会需求矛盾突出、大学生“就业难”与企业“用工荒”的矛盾、高校的发展与经济社会转型不相适应等问题，独立学院要以转型发展为契机，紧紧抓住国家产业转型升级、深化教育领域综合改革、区域战略发展等重要机遇，以培养高层次技术技能型人才为中心，以产教融合、校企合作为主要路径，积极探索，勇于改革，强力推进独立学院的转型发展。

10.1 独立学院转型发展的指导思想与建设目标

10.1.1 独立学院转型发展的指导思想

坚持以科学发展观为指导，全面贯彻落实党的教育方针，遵循人才成长规律和现代职业教育规律，进一步解放思想，深化改革，攻坚克难，积极围绕“地方性、应用型”这条发展主线，以培养高素质应用技术型人才为目标，以人的全面发展和社会需求为导向，持续推进专业结构优化、培养模式转变、教学方式创新和评价标准改革，完善治理体系，提高治理能力，全面提升独立学院服务地方产业升级、技术进步和社会管理创新的能力，努力提高独立学院办学水平和应用技术型人才培养质量。

10.1.2 独立学院转型发展的建设目标

按照“顶层设计，统筹谋划；试点先行，整体推进；重点突破，全面提升”的发展思路，进一步明确应用技术型本科高校的办学定位，通过改革、建设和发展，在学科专业建设、人才培养模式改革、“双师型”教师队伍建设、培育办学特色及提高社会服务能力等方面取得明显进展。

10.2 独立学院专业转型整体思路

首先，要明确应用技术型人才培养的办学定位。培养地方经济社会发展需要的“综合素质高、实践能力强、发展后劲足”的高素质应用技术型人才。

其次，要树立“5 个注重”的教育理念。即注重专业核心能力培养，确保基本质量；注重专业实践能力培养，彰显人才特征；注重创新创业能力培养，体现本科属性；注重学生的个性化培养，实现以人为本；注重社会责任感培养，强化人文素养。

再次，构建“4 个对接”的培养体系。一是专业发展与地方产业发展对接；二是课程体系与职业要求对接；三是教学过程与生产过程对接；四是学历证书与职业资格证书对接。

最后，要实施“四化同步”的综合改革。一是课程体系模块化，按照技术应用的逻辑关系，构建能力导向的模块化课程体系。二是项目教学系列化，构建环环相扣、能力进阶的项目教学系列，使学生得到职业能力的系统训练。三是科技竞赛普及化，通过政策导向，把参加科技竞赛由个别学生的爱好变成所有学生参与的行为，整体提升学生的创新意识与能力。四是学习评价多样化，要充分重视学习评价对教与学的导向作用，依据课程类型与特点改革考试方法，促进学习评价从评价“分数高低”向评价“能力强弱”转变，学生学习从注重“期末考核”向注重“学习过程”转变。

10.3 独立学院专业转型主要内容与措施

10.3.1 培养模式转型：创新人才培养模式，构建应用技术型人才培养体系

首先，要准确定位应用技术型人才培养目标。转型专业进一步明确和强化应用技术型人才培养目标，使人才培养目标既达到本科教育要求的学业标准，又符合应用技术型教育要求的专业素养，既达到高等教育要求的基础理论水平、技术创新能力，又达到企业行业所要求的职业岗位能力、实践动手能力，把学生培养成集理论、技术、创新、职业于一身的高级应用技术型人才。

其次，要以“工学结合”为重点，修订完善人才培养方案。紧扣应用技术型人才培养目标，以主导专业和核心课程建设为龙头，建构“产学结合、工学交替”的应用技术型人才培养模式。在培养方案修订过程中，让企业全程参与，与企业、行业建立紧密的、实质性的联合培养机制。同时，在方案修订时，坚持“一个核心、三个统筹”。一个核心，就是以职业能力培养为核心，重构课程体系，充分体现职业领域对专门人才的知识与能力要求。三个统筹，一是统筹通识课与专业课，打通两类课程的有机联系，使学生的“知、情、意、行”得到和谐发展；二是统筹理论教学与实践教学，加大实践教学比重，转型专业比例由目前的25%调整到40%，其余专业调整到30%；三是统筹第一课堂与第二课堂，将第二课堂纳入人才培养体系，与专业能力培养融为一体，有效促进学生应用能力的发展。

最后，要以应用能力培养为主线，推进教学模式改革。在教学内容的改革上，以岗位对接为目标，面向职业和实践，选定并重点讲授有利于学生职业发展的核心性、基础性的课程知识，并及时增加新知识、新技能、新工艺等新的教学内容，做到“社会需要什么，学校就教什么”。在教学方法的改革上，强调“以学生为本、以能力培养为基、以职业导向为要”，重视运用团队学习、案例分析、模拟训练等方法，注重培养学生的应用意识和解决实际问题的能力，把学生由“课堂被动性接受”逐步引导为“全过程主动性参与”，

实现“教、学、做、评”一体化。在考核方式的改革方面，实现考核方式的多元化，推行“模块考核、过程考核、多样考核”，变终结考核为过程考核，变一次考核为多次考核，变封闭考核为开放考核，变学校考核为校企结合考核，以能力立意，将知识、能力、素质考核融为一体，突出考查学生技术创新能力和实践应用能力。

10.3.2　课程体系转型：构建以能力培养为核心的课程体系，推进课程内容与职业标准紧密对接

转型专业课程体系和课程标准建设的总体思路是：围绕应用技术型人才培养目标，以更新教育思想和观念为先导，以实施模块化课程改革为抓手，以强化学生能力为重点，以培养学生创新意识为核心，整体优化课程体系，有计划、有目的地进行各类课程建设，形成一批教学质量高、特色鲜明的优质课程。

首先，要积极构建模块化的课程体系，突出课程内容的先进性、适应性和整体性。独立学院要统一按照“2+3”模式构建课程体系，完善课程标准。“2”是指2个平台（通识教育课程平台、专业教育课程平台）；“3”是指3个模块（专业方向课程模块、创新创业教育课程模块、个性化拓展课程模块）。

其次，要全面开展模块化课程改革。遵循“学科导向向专业导向转变，知识输入向能力输出转变”的应用型课程改革理念。一是根据人才培养定位，以专业能力的通用标准和行业标准为基础，确定专业人才培养标准和能力培养要素；二是根据能力要素对学生知识、能力和素质等的要求，确定对应的支撑知识点；三是打破课程之间的界限，将教学内容进行优化整合，由相关联的能力要素对应的知识点及知识应用组成模块，构成整个模块化课程体系。由此实现教学范式从“知识输入”向“能力输出”的转变，实现学生能力与产业需求的无缝对接。

最后，所有课程模块全部聘请行业企业专家或生产一线的技术人员参与能力培养方案及课程模块的设计，丰富和完善课程体系和课程标准，形成专业教学与国家职业资格标准相融通的课程体系。根据教学模块要求强化学生实践能力培养，全面提升学生的岗位适应能力。开展以实际应用为导向的实验教学，提高学生的实际操作能力和解决问题能力；根据岗位技能要求指导实践教学，指导学生的毕业（论文）设计，聘请有经验的技术人员与教师合

作指导学生的毕业（论文）设计，使毕业（论文）设计的选题更加贴近实际。

10.3.3 教师队伍转型：加强“双师型”教师队伍建设

首先，要完善“双师型”人才引进发展机制。积极从企业或相关行业技术部门引进实践经验丰富、专业技术造诣高、组织管理能力强的人才作为专业带头人，每个转型专业每年至少引进1名，形成一支具有应用型特质的专业带头人队伍。

其次，要实施“双师型”教师队伍培养计划。搭建“双师型”教师多渠道、多层次培养体系。通过企业挂职锻炼、参与地方企事业科技研发、参加国内外访问工程师、课程进修、学历进修、行业技能竞赛培训等多种方式进行教师行业技能培养，到2018年使转型专业“双师型”教师比例达到60%，其他专业达到20%。

再次，要发挥外聘兼职教师和客座教授的作用。聘请行业企业技术骨干和能工巧匠担任兼职教师，到2018年使转型专业师资队伍中兼职教师比例达到25%。拓宽兼职教师作用发挥的范围，使其通过“行知讲坛”专题讲座、课堂教学、实验教学、实习指导、学生毕业论文（设计）指导等形式承担教学任务。

最后，要重点围绕核心课程群建设“双师型”教学团队。重点围绕主导专业对应的核心课程群，实现每个课程群均由1名专职“双师型”骨干教师担任负责人，负责课程的整体规划与建设管理；实现每门课程均由1名专（兼）职“双师型”优秀教师担任负责人，负责课程建设规划的具体实施。

10.3.4 实习实训基地转型：统一协调建设基地，全面对接生产实践

首先，要加强实习实训基地建设。找准企业等用人单位的利益关注点，拓展与企业的合作关系，建设一批产学研相结合的校外实习实训基地，努力实现学生带薪实习及实习就业一体化，到2020年力争每个重点专业群建立一个与知名企业合作的校外实习实训基地。

其次，要建立校内实验实训、企业实习实训制度。根据各专业群建设需

要统筹安排实习实训课，达到以下标准：所有专业群实习实训课时比例超过30%，学生参加实习实训的时间累计不少于一年，其中企业或用人单位顶岗实习不少于半年。

最后，要改进实习实训教学内容。按照职业发展要求改革实习实训教学内容，加大课内课外教学资源的整合与优化，分层次、有重点、有目标地优化实践教学体系，构建实习与实训相结合、通用岗位能力与专业职业能力培养相结合、校内与校外相结合，覆盖学生学习全程的实践教学体系。同时，引进先进企业生产过程要求，实现生产过程与教学过程的对接。将企事业用人单位对人才素质要求引入教学体系，结合实验教学、课程设计、毕业论文（设计）、学科竞赛等实践教学环节，与企业生产、事业单位工作程序相结合，提高学生实践应用能力。

11 独立学院应用型人才培养模式的探讨

11.1 独立学院应用型人才培养模式的基本特征

人才培养模式是学校为学生构建的知识、能力、素质结构，以及实现这种结构的方式。新时期独立学院发展本科技术应用型人才培养模式的基本特征可以概括为以下几个方面：①服务方向定位。即要坚持以地方或区域的经济建设和社会发展为主要的服务方向，特别是要根据地方经济、产业和技术结构的特征和特殊的文化资源筹划学科建设，确定专业设置与从事课程开发。这是独立学院筹措各种办学资源，发挥实际作用的社会实践基础。②专业设置。专业设置要以市场需求为导向，当产业结构做出调整、专业人才的需求结构发生变化时，独立学院要能及时对专业结构做出调整，保证人才培养适应市场需求的变化。③能级定位。独立学院要甘于作为国家大学系统的基础部分，明确以教学型大学为主要办学目标，以培养生产或社会活动一线的实用型人才为重点任务，科学研究也必须立足于地方的特殊资源与特殊需求，或者围绕人才培养目标的实现而展开。④培养目标与规格要求。应用型人才培养目标与规格要求特征主要体现在知识结构、能力结构和素质结构3 个方面。应用型人才培养应更加注重能力与素质的训练和培养。⑤培养方式在教学内容和课程体系上，以职业能力和素质教育为主线，确定教学内容和相应的课程体系。为了满足培养各种技术应用能力和职业技能的需要，课程体系构成形式往往组建模块式结构。在教学过程和方法上，与培养理论研究型人才不同的是，教学过程采用理论和实训交互的方式进行，要求实施学产研相结合，学校与行业、部门或单位合作培养高等应用型人才的方式。在实训过程中，不但学生的操作技能得到培养，而且学生的职业道德和人际交往能力也能得到提升。⑥追求特色。即在学科建设和人才培养方面必须坚持有所为和有所不为，在学校发展的基本目标上不宜盲目求大求全，在人才的培养层次上不宜一味攀高，而是要集中有限资源，瞄准地方的特殊需求，在人才的知识结构和能力体系的某些方面有所突破，形成特色和创造品牌。

11.2 独立学院应用型人才培养的基本策略

独立学院发展本科应用型人才的培养是一个系统工程，这要求独立学院重点从培养目标、课程、教学、师资等方面创造条件，构建和优化本科技术应用型人才的专业素质结构。

11.2.1 确立技术应用型人才的培养目标

独立学院培养目标定位于技术型应用人才，这与高等职业教育中的应用型人才是不能等同看待的。本科层次的技术应用型人才的培养目标侧重于生产、建设、管理和服务等方面的技术应用与开发，强调综合应用能力和解决实际问题的能力；而专科层次培养技能型应用人才则侧重于职业岗位的具体操作，强调动作技能和经验技能。具体来讲，这种培养目标定位的差异主要体现在3个方面：首先，独立学院本科技术应用型人才教育培养的是具有创新潜力的技术和技术开发的应用型人才，体现为以通识为基础的技术应用型人才；专科培养的是掌握职业（或专业）所需要的基础知识和专门知识，具有从事职业（或专业）的综合素质和职业能力的实用型人才。其次，在知识的构建上，本科应用型人才教育是为学生搭建可塑性的知识框架，对学生掌握知识的要求较高，强调知识体系的完整、系统和科学性，强调以通识为基础的深厚专业理论基础、宽广的专业知识面和较强的科学创造能力；专科是为学生搭建技能模块，在知识构建上以理论的“够用”和“实用”为限，以构建学生掌握职业岗位技能和技术的操作性要求的知识为依据，以培养学生具有扎实的职业技能、专业的岗位业务知识、较强的技术再现能力为目标。最后，在能力培养上，本科应用型人才教育重视的是知识和技术的应用能力培养，同时要为学生构建应用知识进行技术创新和技术的二次开发的能力；专科是以成熟的技术和规范为基础，培养学生胜任某种职业岗位的职业技能、技艺和运用的能力，强调学生职业能力和职业素质的培养。

11.2.2 以能力培养为重心的教学体系构建

传统本科人才的培养体系一般都按学科范畴设计，注重“宽厚的学科理论基础、宽广的专业口径”，往往偏重于基础知识教学和艰深理论的传授，忽视应用能力的培养，对实践教学体系也缺乏深入的思考和系统的构建，通常忽视学生综合素质的培养。应用型本科人才的规格特点要求我们必须围绕应用型本科人才知识、能力、素质和谐发展的目标要求，以能力培养为重心，构建相对独立、内在统一的人才培养体系。

在整个体系构建过程中，需更新教育思想观念，充分认识高等教育多样化是实现高等教育大众化的前提，建立以社会适应性为核心的教育质量观和人才观。通过改革和探索，构建起能敏锐地反映社会需求，厚基础、强能力、高素质、多样化的人才培养模式。不同的人才培养规格有着不同的培养体系，为区别于以“实、宽、深、交”为目标的研究型人才培养模式，突出应用型的人才特色，必须打破传统的研究型人才培养的教学体系，确定理论与技能的深度和广度，整合教学内容，在教学过程中把传授知识、培养能力、提高素质既相对独立又有机地结合起来，构建以能力培养为重心的高素质应用型本科人才培养体系，体现多层次、个性化的培养特征，构建和完善以提高基础理论和基础知识为目标的理论课程体系，以提高基本技能与专业技能为目标的实践课程体系，以提高综合能力和拓展专业外延为目标的素质拓展体系，构成人才培养的主体框架。

11.2.3 强化实验、实训并把职业认证引入人才培养方式

高等本科教育中重理论轻实践、重知识轻能力、重研究轻应用的培养模式与地方经济建设对人才规格、标准的要求形成了越来越大的反差。随着国家就业准入制度的实行，企业的市场行为逐步规范和成熟，企业的人才标准不仅仅是学历，更重要的是从事工作所需要的能力和资质，职业资格证书正在成为现代社会规范专业人才职业行为的标准，成为越来越多的大学生进入劳动力市场的通行证。本科生、研究生毕业后到技校“回炉”考证的现象，从一个侧面反映了我国本科高等教育与市场需求之间的矛盾。

独立学院本科技术应用人才的培养必须正视这一矛盾，在人才培养方式

上要强化实验、实训，并引入职业认证，实现与市场需求的零对接。首先，应将职业资格认证课程纳入教学计划。专业培养方案上选择部分具有较高技术含量和社会认可度，能反映本专业技术应用能力水平的职业资格认证课程纳入教学计划之中。例如，计算机类专业的微软工程师认证［系统工程师（MCSE）、网络管理员（MCSA）、应用开发工程师（MCAD）、方案开发工程师（MCSD）］，思科公司的网络管理员（CCNA）认证，会计类专业的注册会计师（CPA）、注册税务师（CTA）认证等。其次，严格规范教学过程，将认证课程考试大纲与各专业教学大纲相衔接，借鉴职业资格认证考试的教材、教学内容、教学过程和考试方法，逐步开展认证课程建设，提高课程质量。再次，强化、细化教学过程的各个环节，针对本科学生的知识水平和思维特点，在理论课教学中，突出理论技术（相对于经验技术），在实训课教学中，着重训练学生的创造性技能（相对于再生性技能），使学生通过理论和实践的反复训练，提高技术应用能力和创新能力，养成创新思维。最后，要重视构建实践教学课程体系。加强实验、实习、调查、社会活动等实践性教学，保障实验条件，加强实习基地建设，将课外科技活动引入课程方案，合理分配学时比例。在内容上，整合实验实践教学，开设好综合性、设计性、创造性的实验，把科学研究、技术应用等活动引入实习和课程设计，给学生提供独立动手的机会，提高实践教学目标的实效性。

11.2.4 加强校企合作是培养本科技术应用型人才的必由之路

应用型人才应具备的知识与能力，其中有相当一部分只能在实际工作场所才能获得，而不是仅靠学校教育就能获得的。一方面，因为学校教育在多数情况下是模拟性质的，学生在学校学习无论是环境感受还是心理状态都与实际工作环境有差距，一些重要意识和良好行为习惯的养成，某些难以言传的经验和应变方法，只有在现场环境中才能学到。所以仅靠学校教育，只有书本知识，单纯在课堂、实验室和校内实训场所，还是难以培养和市场零接轨的合格应用型人才。另一方面，现代科技的发展速度极快，许多新技术的发展日新月异，未必能及时地反映到学校教育中来，往往只有在实际工作地点中才能获得最新的实用技术和较强的技术创新能力，而掌握最新的实用技术和具备较强的技术创新能力正是应用型人才的特色。

独立学院加强校企合作是技术应用型人才培养的基本途径。学校应与企业建立互惠互利的协作关系：要有计划地对企业人才需求情况进行调查，保证专业在一定时期内的方向性；要进行人才培养目标分析，保证毕业生对岗位的适应性；按企业需求设计教学计划，保证教学内容的针对性；与企业联合开展技术应用项目开发，保证师生技术应用能力的持续提高和教学内容的应用性、新颖性；开发实训基地，保证教育教学的实践性；进行学生就业指导和聘用工作，保证毕业生就业渠道的稳定性。独立学院应在实践教学、教师及员工培训、技术改造、新产品开发、毕业生就业等方面与企业开展广泛合作。

11.2.5 建立“双师型”师资队伍，促进本科技术应用型人才培养工作

独立学院培养的是具有较强动手能力的应用型本科人才，师资队伍应由业务素质高、结构优化、精干高效，并具有较强学习能力和创新精神的“应用型”“双师型”教师所构成。真正意义上的“双师型”教师，首先应是具有双工作岗位的内涵，即从事某课程教学工作的教师，同时也应曾在与所教课程紧密关联的实际工作岗位上工作过。其次应有“师”的水准，既具备扎实的学科理论知识和较高的教学水平，又具有丰富的实践经验和较强的实践能力。双师型教师必须具有丰富的教学经验和在生产实践、业务实践、技术应用方面实际处理各类问题的能力，培养这样一支师资队伍需要坚持以人为本的理念，做到用好现有人才，引进急需人才，培养骨干人才。即坚持以师德为核心，以提高教师的教学水平和技术应用能力为主要内容，以人的全面发展为基本要求的师资队伍建设方针。一是要加大引进力度，解决好办学规模与教师数量的矛盾。二是要采取各种措施提高教师的技术应用能力，创造条件让教师在实践中锻炼，解决好教师的知识、能力结构与办学要求不相适应的矛盾，在教师专业技术职务评聘和教学评优中，将是否具有“双师型”素质，是否为课程建设、专业建设和教学改革做出较大贡献作为必备的主要条件之一，推动师资队伍转型。三是要建立一支相对稳定的兼职教师队伍，满足教师技术应用能力多样化的要求，并以此为纽带实现教学过程与生产过程紧密结合的人才培养模式。师资队伍的专兼职结合不是权宜之计，是由人才培养目标所决定的，也是发达国家的普遍做法。

12 独立学院人才培养改革与机制创新

创新高校人才培养机制是一项复杂的系统工程，是一个关系到“培养什么人，怎样培养人”的大问题。从宏观上讲，其涉及教育思想、教育价值、教育目标，要求我们必须全面贯彻党的教育方针，坚持立德树人，把提高人才培养质量、培养德智体美全面发展的社会主义建设者和接班人作为出发点和落脚点。从微观上讲，其主要涉及 4 个方面：一是学科专业设置与优化，体现着学校的办学定位、办学特色和人才培养规格；二是课程体系和教学内容，体现着实施素质教育、培养高素质专门人才的知识体系和能力要求；三是教学组织和教学管理，体现着集聚人才培养优质资源、促进学生全面发展与个性发展相统一的运行机制和制度体系；四是教师队伍和教学评价，体现着人才培养的保障力度和社会认同度。

目前，独立学院在创新人才培养机制方面，还存在着一些不容忽视的问题，主要体现在：第一，对人才培养机制创新的基本内涵、实践要求、实现路径认识上有偏差，大多还停留在创新人才培养模式阶段，把重点仅仅放在推动协同育人上，对机制创新的系统性、整体性思考不深入、措施不到位。第二，学科专业设置优化、招生培养没有很好地与经济社会发展需求、就业创业状况深度对接、良性互动，比较普遍存在着培养与需求、教学与科研、理论与实践、校内资源与社会资源结合得不够紧密的问题。第三，创新高校人才培养机制的氛围环境、政策保障和评价制度有待加强。例如，从独立学院内部看，教学管理制度亟待改革，实施教师互聘、课程互选、学分互认、自主选学、弹性学制，还有很多政策性瓶颈。又如，从独立学院外部看，集聚社会资源协同培养人才的法规政策不到位，影响了有关部门、科研院所、行业企业参与人才培养的积极性、主动性和创造性。

12.1 培养机制创新重点——人才培养模式改革

深化教学改革是一项浩大的系统工程，涉及学校教育教学的方方面面，独立学院限于自己的办学实际，不可能全面展开这项工作，只能是“有所为，有所不为”，突出自己的重点和特色。人才培养模式是所有教育教学上作的总纲性的东西，只有确立了在高等教育发展的新形势下适合自己办学实际又突出自己办学特色的人才培养模式，独立学院全面提高教育教学质量的工作才会有明晰的目标、思路、计划和措施，学校的育人功能才能够充分发挥出来，也才能为独立学院闯出一条在高等教育激烈竞争中的可持续发展之路。

在充分考虑根据自身条件和发展潜力，适应地方、区域经济和社会发展需要，确立教学型大学的类型定位和培养具有创新精神和实践能力的应用型人才的目标定位的基础上，独立学院要把人才培养机制创新的重点放在人才培养模式改革上。我们认为独立学院培养的人才要能够切实在地方经济建设和社会发展中发挥作用，要能够得到社会人才市场和广大用人单位的欢迎，要能够体现出学校在人才培养方面的特色和优势，要能够通过学校教育增强实际的就业能力和创业能力，能在激烈的人才竞争中站稳脚跟并脱颖而出，这主要取决于学院的人才培养是否对路，是否能够真正适应区域经济建设和社会发展的实际需求。

12.2 培养模式改革关键——确立人才培养目标和规格

独立学院是普通本科高校按新机制、新模式举办的本科层次的二级学院，确立培养具有创新精神和实践能力的应用型人才的目标定位已是实现独立学院可持续发展的普遍共识。由于独立学院办学历史较短，生源质量相对较低，如何确定符合自身定位、特色的人才培养目标和规格，我们认为要着重处理好以下两个方面的问题。

第一，要明确人才培养目标、规格与独立学院办学特色及实际条件之间的关系，确立符合独立学院办学特色及实际条件的人才培养目标、规格。独立学院由于区域经济和社会发展特点、办学主体、历史传承、办学条件、资源配置等方面的原因，具有各自不同的办学特色，这些特色决定了独立学院不可能按同一种培养目标、规格，用相同的培养模式来培养完全相同的人才。在规模扩张时期，由于观念的原因，一些独立学院在人才培养目标、规格的确立上出现了趋同现象，导致人才培养目标、规格缺乏特色，人才培养模式单一、僵化，影响了学校对人才的实际培养。有的独立学院培养的学生，无论在知识结构、专业方向还是在实践能力等方面，都同举办高校的学生分不出自己的特点和长处。这样的学生走向社会之后，不管是在就业、创业方面，还是在实际开展工作方面，都不可能体现出自己的发展优势和潜力。就学校内部的教育教学而言，不从自身的办学特色出发确立自己的人才培养目标、规格，也不利于实现因材施教、分流培养、面向基层的原则。

第二，要明确人才培养目标、规格与地方经济建设和社会发展需求之间的关系，根据地方、区域经济建设和社会发展的实际需求来确立人才培养的目标、规格。独立学院办学的主要目的就是为地方、区域经济建设和社会发展培养合适的应用型人才。但是，为地方经济建设和社会发展需要培养人才，不能带有盲目性。大多数情况下，独立学院受母体高校的影响，在办学初期主要是套用了举办高校的人才培养方案，还来不及形成自己明显的个性和特色。从现阶段来看，独立学院基本上已完成了以规模扩张和校园建设为主的外延式发展的任务，这就需要独立学院必须认真研究地方、区域经济建设和社会发展的特点，摆脱原有的办学模式，真正根据地方、区域经济建设和社会发展对人才的实际需求，来确立独立学院人才培养的目标、规格，对学生进行有针对性的培养。

只有认真解决好这两个问题，独立学院才能准确找到自己的办学定位，确定好自己人才培养的目标、规格，也才能真正担负起为地方、区域经济建设和社会发展培养适合的应用型人才的教育任务。

12.3 培养模式改革核心——制定科学合理的人才培养方案

我们认为独立学院在人才的培养上，一方面，必须坚持本科教育的基本规律，不随意降低本科人才的培养规格和质量；另一方面，也必须从自己的实际情况出发，培养符合独立学院特点的本科应用型人才。具有独立学院特点的本科人才培养，就是要突出独立学院的3个特点，即教学型学校的教学特点、应用型人才的培养特点和为地方服务的适用特点。因此独立学院的人才培养方案制定应该在符合本科教育规律的大前提下，从突出这3个特点出发，形成自己人才培养的特色和优势。

首先，独立学院人才培养方案的制定要突出教学型大学的特点。在人才培养上既要充分依托母体的优质教育资源，又要和母体高校在人才培养上适当错位，确立自身的教学特点，以避免和母体高校在人才培养上的雷同。要确定低重心的培养思路，相对于母体高校本科学理型人才的教育，低重心的培养和训练是独立学院发展本科技术教育的要求。这里的低重心，反映在培养目标和规格上，是突出应用性，依托一定的学科平台，充分重视培养学生的实践能力。低重心并不意味着低要求、低水平或降低质量。在某些方面，其对培养规格提出了更高、更切实的要求，特别是实践能力方面的高要求。独立学院人才培养方案的重心应着眼于理论的运用，切实为学生未来就业打下基础。

其次，独立学院人才培养方案的制定要强调学术教育和职业教育并重。独立学院的本科应用型人才培养模式的特点应是通识教育加专长教育，也就是素质教育与职业教育相结合，要求既要注重应用性，又要重视通识教育，与职业技术教育区别开，培养的是一专多能的应用型人才。突出应用型的人才特色，须打破举办高校传统的研究型人才培养的教学体系，确定理论与技能的深度和广度，整合教学内容，加大实践教学课时比例，在教学过程中把传授知识、培养能力、提高素质既相对独立又有机地结合起来。构建和完善以提高基础理论和基础知识为目标的理论课程体系，以提高基本技能与专业技能为目标的实践课程体系，以提高综合能力和拓展专业外延为目标的素质拓展体系，构成人才培养的主体框架。形成以能力培养为重心的高素质应用型本科人才培养体系，体现多层次、个性化的培养特征。

最后，独立学院人才培养方案的制定要突出为地方、区域经济发展服务的适用性特点。为地方服务，是独立学院义不容辞的责任，体现在人才培养上，就是要根据地方、区域经济建设和社会发展的需要去制定相应的人才培养方案。培养地方、区域经济建设和社会发展所需要的人才；有两个途径：一个是可以通过适应地方产业结构与社会发展的特点，设置与之相匹配的专业或在专业内部设置特定的专业方向，专门培养地方需要的人才；再一个则可以根据地方产业结构与社会发展的需求，在课程体系中加入能够体现地方产业结构与社会发展特点的课程模块，尤其是实践教学课程，使学生的知识结构和实践能力能够适应地方经济、社会发展的需要。而后一个途径更为重要。要达到为地方培养适用型人才的目的，就要在制定人才培养方案时考虑到相应的课程体系和教学内容的改革。在课程体系和教学内容上，要坚持体现课程的地方性、实践性、灵活性和复合性，以形成学生适应地方需要的专业能力、综合素质为基本原则，不照搬母体高校的教学计划和课程体系，根据培养地方性专门人才的实际需要，整合、重组、优化新的课程体系和教学内容，注重课程的普适性与地方性、综合化与具体化的衔接和融合，力求做到教学内容的先进性、科学性与实用性、地方性的有机统一，逐步形成具有一定地方特色的课程体系。

12.4　培养模式改革目的——培养应用型人才

如前文所述，独立学院人才培养模式改革首先是要针对生源特点、区域经济和地方需求确立人才培养目标与规格。其次，通过人才培养方案的设计实现应用型本科人才的知识体系结构：既要达到本科的专业理论水准，又要具备较高的职业技术素质。自然，这种人才培养模式改革的实现最终要通过课程体系的改革才能得以完成。为此，我们把课程体系结构划分为大学通识课程、专业核心课程、专业方向课程。大学通识课程、专业核心课程强调专业基础性和相应专业本科层次的规格要求。专业方向课程的设置在符合区域经济发展对人才要求的基础上，强化学生动手能力、应用能力，注重职业素养培养。这种课程教学体系改革具体表现出如下特点。

首先，构建以区域经济市场为导向的“零距离”理论教学体系。在独立学院应用型人才培养的理论课程教学体系构建过程中，体现“零距离”教学改革思想是关键。要对应用型人才培养目标进行全方位的研究，在总体上设计出学生需要掌握的知识点、能力点。这些知识点和能力点不是根据独立学院自身的师资和教学条件来确定的，而是根据区域经济市场和用人单位对应用型人才的实际用人要求来确定的，具有鲜明的市场导向。独立学院要根据所采集的知识点、能力点来组织培养方案，设计课程体系。要对各专业的理论课程和实践课程进行整合，构建出完整、系统的理论教学体系。在理论课程的设置过程中，要充分考虑到社会对人才的全方位要求和毕业生今后发展的要求，使学生具备作为本科教育应有的较为厚实的基础理论知识和必要的人文社会科学知识，为学生未来的可持续发展奠定基础。要优化课程结构，构建“宽口径、厚基础、重应用、善创新、多方向、可调控”的课程体系，通过优化教学内容，体现市场要什么就教什么，教什么就考什么的理论教学思想。独立学院发展应用型本科教育拥有其自身的特色和规律，要在尊重教育规律的前提下，鼓励对教学内容大胆改革、创新和优化，深化教学改革。

其次，构建基于职业能力的“零距离”实践教学体系。根据人才培养的特征，独立学院应用型人才的实践教学要围绕区域经济市场对应用型人才实践能力和创新创业精神的要求，加强实验、实习、调查、社会活动等实践性教学，保障实验条件，加强实习基地建设，构建校内与校外结合、课内与课外结合的实践教学体系。从我们的实践来看，引入职业认证标准及加强校企合作是实现“零距离”实践教学的重要渠道。第一，通过在实践教学环节引入职业认证，能够实现与市场需求的零对接。将认证课程考试大纲与各专业教学大纲相衔接，借鉴职业资格认证考试的教材、教学内容、教学过程和考试方法，逐步开展认证课程建设，提高课程质量，使学生通过理论和实践的反复训练，提高了技术应用能力和创新能力，养成创新思维。第二，加强校企合作，打造好实践教学平台是应用型人才培养的基本途径。因为学校实践教学在多数情况下是模拟性质的，学生在学校学习无论是环境感受还是心理状态都与实际工作环境有差距，一些重要意识和良好行为习惯的养成，某些难以言传的经验和应变方法，往往只有在实际工作地点才能获得最新的实用技术和较强的技术创新能力，而掌握最新的实用技术和具备较强的技术创新能力正是应用型人才的特色。

12.5 培养机制创新的着力点

独立学院人才培养机制创新，要在认识上求共识，在机制上做文章，在创新上下功夫，激发独立学院人才培养的潜力和活力，提高人才培养质量，促进独立学院办出特色。当前，教育主管部门与独立学院自身，要从以下“5个着力”准确把握创新独立学院人才培养机制的实践要求与实现路径。

（1）着力推动建立主动适应社会需求，优化调整学科专业结构的长效机制

一是进一步落实和扩大独立学院学科专业设置自主权。重点支持根据经济社会发展需要，自主设置国家战略性新兴产业发展和改善民生急需的相关学科专业，自主设置学科交叉融合有利于应用型、复合型人才培养的相关学科专业，自主设置有利于凸显学校办学特色和优势的相关学科专业。二是建立健全独立学院毕业生就业和重点产业人才供需年度报告制度，健全专业预

警、退出机制。对连续两年就业率较低的专业，调减招生计划直至停招。

（2）着力推动建立充分反映学科专业研究新进展、相关实践新经验、人的全面发展新需要的教学内容完善长效机制

一是以国标、行标颁布实施为契机，推动修订专业人才培养方案，进一步完善课程体系和教学内容，强化实践育人。二是扎实做好马克思主义理论研究和建设工程重点教材组织编写与统一使用，推动社会主义核心价值观进教材、进课堂、进学生头脑。三是推动改进科研评价办法，强调科研对人才培养的贡献度，及时把科研成果转化为教学内容。支持本科生参与科研活动，早进课题、早进实验室、早进团队。四是推动教学方法改革，鼓励学生进行更多讨论和课堂参与。五是强化现代信息技术应用，促进教师丰富教学手段、提高教学效果，促进学生自主学习、提高学习效果。

（3）着力推动建立集聚社会资源，有效实施部部、校校、校企、校地、校所及国际合作的协同育人长效机制

一是深入实施系列“卓越计划”、科教结合协同育人计划。二是深入实施“2011 计划”，坚持人才、学科、科研“三位一体”，推动协同创新。三是推动出台法规政策，调动社会各方面参与人才协同培养，特别是接收大学生实习、实训和社会实践的自觉性和主动性。四是推动独立学院人才培养机制创新会，交流近年来协同育人的经验做法。

（4）着力推动建立有力推进教师互聘、课程互选、学分互认、自主选学、弹性学制的教学管理长效机制

一是推动建立高校联盟或区域教学共同体，推广有关高校“第二校园经历”的经验做法。二是探索建立学分银行和学分转换制度，推广有关高校完全学分制改革的经验做法。三是建立更加灵活管用的学籍管理制度，进一步放宽修业年限，允许学生分阶段完成学业。四是开展在校大学生保留学籍创业试点，按创业绩效奖励学分。

（5）着力推动建立以社会化评价为主、多样化评价为辅的人才培养质量评价长效机制

一是继续开展国际实质等效的专业认证，并逐步扩大认证领域。二是委托第三方机构对高校本科教学质量年度报告进行评析，并对社会公布。三是推动所有普通高校建立健全毕业生就业质量年度报告发布制度。四是开展本科专业综合评价试点，推动建立专业建设绩效与招生计划、专业调整、经费拨款的联动机制，特别是进行生均经费的差异化拨款。

参考文献

[1] 陈志丹，晏艳琴．完善独立学院内部治理结构的思考[J]．国家教育行政学院学报，2013（3）：69－72.

[2] 刘俊，陈志丹．探索基于区域经济发展的独立学院人才培养模式[J]．中国高等教育，2008（15，16）：63－64.

[3] 陈志丹，晏艳琴，许红缨．独立学院发展本科技术教育的理论探讨[J]．中国成人教育，2008（20）：19－20.

[4] 刘俊，陈志丹．高校独立学院核心竞争力的制约与培育[J]．中国成人教育，2007（19）：17－18.

[5] 刘俊，王英，陈志丹．对高校独立学院可持续发展的思考[J]．理论月刊，2010（10）：102－104.

[6] 陈志丹，晏艳琴．独立学院加强实践教学的对策研究[J]．国家教育行政学院学报，2011（10）：63－64.

[7] 陈志丹，许红缨．独立学院内涵式发展战略的思考[J]．国家教育行政学院学报，2008（8）：71－73.

[8] 许美德，许洁贡．中国大学1895—1995：一个文化冲突的世纪[M]．北京：教育科学出版社，2000.

[9] 戴晓霞，莫家豪，谢安邦．高等教育市场化[M]．北京：北京大学出版社，2004.

[10] 弗雷德·R戴维．战略管理[M]．李克宁，译．北京：经济科学出版社，1998.

[11] 刘光临．大学独立学院的兴起与发展[M]．武汉：华中科技大学出版社，2009.

[12] 王晓辉．比较教育政策[M]．南京：江苏教育出版社，2009.

[13] 袁振国．教育政策学[M]. 2版．南京：江苏教育出版社，1998.

[14] 司晓宏．教育管理学论纲[M]．北京：高等教育出版社，2009.

[15] 潘懋元．多学科观点的高等教育研究[M]．上海：上海教育出版社，2001.

[16] 张维迎．大学的逻辑[M]．北京：北京大学出版社，2012.

[17] 袁振国．中国民办教育政策分析[M]．北京：中国社会科学出版社，2003.

[18] 徐绪卿．新时期中国民办高等教育理论研究[M]．杭州：浙江大学出版社，2010.

[19] 陈新民．民办高校人才培养模式改革的理论与实践[M]．杭州：浙江大学出版社，2007.

[20] 刘宝存．大学理念的传统与变革[M]．北京：教育科学出版社，2004.

[21] 赵旭明．民办高校治理研究[D]．北京：中共中央党校，2006.
[22] 杨树兵．关于提升民办高校核心竞争力的战略和政策研究[D]．苏州：苏州大学，2007.
[23] 王庆如．民办高校办学水平提升策略研究[D]．西安：陕西师范大学，2012.
[24] 彭华安．理性的选择：独立学院制度运行研究[D]．南京：南京师范大学，2011.
[25] 陈飞．我国独立学院办学模式研究[D]．上海：华东师范大学，2004.
[26] 罗明．独立学院的发展研究[D]．长沙：湖南师范大学．2005.
[27] 刘贵芹．创新高校人才培养机制的探索与思考[J]．中国大学教学，2014（10）：4－8.
[28] 施文妹．民办高校内部治理的变革特征、基本模式和未来走向[J]．现代教育科学，2009（1）：11－17.
[29] 陈文联．构建民办高校法人共同治理结构的现实思考[J]．国家教育行政学院学报，2019（7）：69－74.
[30] 刘根东，吴寒飞．美国私立大学法人治理结构的特征及启示[J]．江苏高教，2013（5）：63－65.
[31] 靳晓光，巩丽霞．民办高校内部治理模式探究[J]．现代教育管理，2016（4）：36－41.
[32] 韩玉亭．民办高校内部治理机制的困境及出路[J]．高教发展与评估，2017（1）：18－26.
[33] 彭宇文．独立学院政策回顾评析与现实展望[J]．湖北社会科学，2016（8）：159－165.
[34] 潘泽，李成．独立学院制度变迁的困境及其突破[J]．教育发展研究，2010（8）：55－59.
[35] 王爱琦．“浙江模式”独立学院的优势、困境与出路[J]．中国高教研究，2012（2）：82－85.
[36] 李国年，马云珍，肖昊．完善独立学院管理机制：宏观制度改革对策[J]．教育与经济，2012（3）：43－48.
[37] 王廷，徐军伟．困境求解：独立学院规范设置与管理问题剖析[J]．中国高教研究，2013（3）：84－87.
[38] 刘杰书，曾繁荣．新常态下“国有民办”独立学院发展应向何处去[J]．湖北民族学院学报（哲学社会科学版），2015，33（6）：184－188.
[39] 邬大光．我国民办教育的特殊性与基本特征[J]．教育研究，2007（1）：3－8.
[40] 王建华．我国独立学院制度：问题与转型[J]．教育研究，2007（7）：46－49.
[41] 蔡军．从教育政策看改革开放以来我国教育价值取向的转型[J]．教育导刊，2009（7）：15－17.
[42] 陈强胜．独立学院行为主体的利益博弈与产权配置[J]．教育评论，2007（3）：28－30.
[43] 冯向东．独立学院新一轮发展的制度支撑[J]．高等教育研究，2006（10）：58－62.
[44] 龚山平，斯荣喜．独立学院法人治理及管理机制创新[J]．教育发展研究，2007（3B）：27－29.
[45] 何立新，李怀．独立学院发展战略研究[J]．河北工程大学学报（社会科学版），

2010，27（2）：59－61.
[46] 季诚钧．印度大学附属制对我国独立学院的启示[J]．教育研究，2007（7）：50－54.
[47] 刘翠秀．独立学院的产生、发展及原因[J]．继续教育研究，2005（4）：153－156.
[48] 刘群志．独立学院新机制和新模式初探[J]．江苏高教，2004（4）：45－46.
[49] 邬大光．中国民办高等教育的市场化特征与政策走向分析[J]．中国高等教育，2001（11）：35－38.
[50] 韩民．完善法人治理结构促进民办高等教育可持续发展[J]．中国高等教育，2006（8）：8－9.
[51] 徐军伟．独立学院“浙江模式”的探索与思考[J]．中国高教研究，2010（8）：77－78.
[52] 徐绪卿．民办高校亟待实施内涵发展战略[J]．中国高等教育，2007（6）：46－47.
[53] 袁贵仁．加强民办高校规范管理引导民办高等教育健康发展[J]．中国高等教育，2007（9）：4－5.